THE HAPPY PRINCE
の原文を書き手の話し手の心で読む

田村 和子

東京図書出版

はしがき

　初めに私の高校時代の英語の勉強について書きますと、ただ語句を規則に従って並べているだけのような気がして、英語が私の中に入ってくる実感がありませんでした。二十歳(はたち)のころ断片的ではありますが、英語の科学論文を読んでいて科学用語ばかりの文の中で動詞の辺りにきますと、背景に人の気配を感じてうれしくなりました。それは動詞の辺りで書いた方の主語に対する心の態度に触れたからなのではと思いました。このことが本書を執筆する発端となりました。

　第1章では私が高校時代に学習して印象に残っている Oscar Wilde (1854－1900)の『THE HAPPY PRINCE』の中から簡単な文を引用し、文法上の主語、補語、目的語、直説法、過去時制などの文法用語を用いて文の構成を考えながら動詞を探究し、それらの動詞が定形動詞であることを説明しようとしています。そこで、「文法上の主語と人称・数の呼応があったり消失したりして、法・時制などを示している動詞は定形動詞である」と述べています。そして文法上の主語と定形動詞との関係、次いで書き手が書いているときを現在とする書き手の立場での文法上の主語と定形動詞との関係について説明しています。この章は少々理論的ではありますが、短くて易しいので簡単に読めます。

　ちなみに Oscar Wilde は1854年にアイルランドのダブリンで生まれました。父は耳および眼科の名医で飲酒癖があり、アイルランドの文学と考古学に造詣が深かったようです。母は古典語に通じ、詩を書いたそうです。彼は1871年ダブリンのトリニティ・カレッジに入学し、1874年オックスフォードのマグダレン・カレッジに進み、後に唯美運動の中心人物となりました。1884年に結婚し、『THE HAPPY PRINCE』は *The Happy Prince and Other Tales* と題して1888年に出版されました。彼は二人の息子に自作を読んで聞かせ、子供のためにではなく子供のような心を持った若い人や大人のために書いたと話したそうです。なお伝統英文法は「十八世紀の末にアングロ・サクソン法的な発想にしたがい「慣

習」と「理性」の妥協によってほぼ完成し」(『英文法を知ってますか』文藝春秋、2003年)ました。この作品は英文法がほぼ完成されてからおよそ一世紀を経て書かれたということになります。

　第2章では『THE HAPPY PRINCE』全文を形式段落ごとに区切り、定形動詞の下に「番号」を付け、単語の下に発音の一例を記しました。そこでは多くは、書き手が書いているとき、あるいは話し手が話しているときを現在とする書き手あるいは話し手の立場で、文法上の主語と定形動詞や定形動詞とその関連語句との関係について重点を置いて説明しました。この、書き手あるいは話し手の現在の立場での文法上の主語と定形動詞や定形動詞とその関連語句との関係についての説明は、多くの文献を参考にさせていただきました上での私独自の捉え方であります。この捉え方は換言しますと、文法上の主語に対する書き手あるいは話し手の現在のおおよその心の態度を示しているともいえると思います。また、そのように説明することが適当でない場合や困難な場合は慣習などを調べました。

　なお命令文のように文法上の主語が省略されている文、文法上の主語も定形動詞や定形動詞とその関連語句もない文、〈there〉構文のような慣用的な文などもありました。

　解説文は英文を前から訳していますので、順次読んでいきますと、英文が組み立てられ、意味が取れるようになっています。部分訳では解説文の和訳をまとめ、全文を訳しました。なお訳につきましてもいくつかの文献を読ませていただきました。

　私はこのように読むことによって、主語のおかれている状況が把握でき、英語の世界に一歩踏み込んで理解することができました。そして、このことにより英語が以前よりだいぶわかりやすくなりました。本書は、高校ぐらいの英語レベルで基本的なことは一通り勉強しましたが、英語が自分のものになっておられないという方にこそお勧めしたいです。

　第3章では英文も日本語訳も全体を通してお読みいただきたく、第2章の英文と訳文をまとめました。英文では意味が取れないところは第2

章のその部分の解説をお読みいただき、意味が取れないところがなくなるまで繰り返し通して黙読したり音読したりしていただきたいです。そして「幸福な王子」と「燕」の織りなす物語を味わっていただきたく思います。

　私はこの原稿を仕上げるに際して何回も書き直し、そのたびにコピーしました。夫田村明久にはよくこれに付き合ってもらいました。また主人が生前に贈ってくれた本の何冊かを本書の執筆に当たり参考にさせていただきました。主人には深く感謝しています。私はこの機会に幼い頃よくお世話になった亡き祖母渡邉のぶに、どうしても感謝の気持ちを表したいと思いました。そして二人の娘に本書を捧げたいと思います。

　2018年10月

　　　　　　　　　　　　　　　　　　　　　　　　　田　村　和　子

目　次

はしがき 1

第1章　定形動詞について 5

第2章　『THE HAPPY PRINCE』の
　　　　原文を書き手の話し手の
　　　　心で読む 13

第3章　『THE HAPPY PRINCE』の
　　　　原文と日本語訳をごゆっくり
　　　　お読みください 123

参考文献一覧 147

第1章

定形動詞について

第1章　定形動詞について

　定形動詞がどのような動詞であるかを説明するために、まず『THE HAPPY PRINCE』の中から次の簡単な文を用いて、それぞれの単語の品詞と意味を記します。

This	was	his	courtship	,	and
代名詞	動詞	代名詞	名詞		接続詞
これ	であった	彼の	求愛		そして

it	lasted	all	through	the	summer	.
代名詞	動詞	副詞	前置詞	定冠詞	名詞	
それ	続いた	すっかり	……じゅう	その	夏	

　この文では、二つの単語を連ねて句 *his courtship* と *the summer* を作っています。

This	was	his	courtship	, and
		句		

it	lasted	all	through	the	summer	.
				句		

　句 *the summer* は前置詞 *through* と密接に結びついてこの句を大きくしています。

This	was	his	courtship	, and
		句		

it	lasted	all	through	the	summer	.
			句			

　副詞 *all* は句 *through the summer* を修飾しますので、*all through the summer* となって、さらに大きな句になります。

7

```
This  was   his   courtship ,  and
               句
 it  lasted  all  through  the  summer .
                    句
```

　続いて、*This* と *was* と *his courtship* の構成と、*it* と *lasted* と *all through the summer* の構成を考えます。
　前者において、*This* は *was* と三人称・単数で呼応して文法上の主語となっています。*was* は直説法（法とは物事の述べ方を決定する心的態度、ないしはこれを示す語形変化）・過去時制（時制とは動詞の時を表す形態）を示す要素と、be（*was* の原形）の二つの観点から分析できます。*his courtship* は *was* の叙述を完全なものにする補語です。
　後者においては、*it* は *lasted* と人称・数の呼応は消失していますが、文法上の主語です。*lasted* は直説法・過去時制を示す要素と last（*lasted* の原形）の二つの観点から分析できます。*all through the summer* は「すっかり夏じゅう（夏じゅうずっと）」という意味で、*lasted* の目的語でもなく補語でもありませんが、これを修飾する句です。

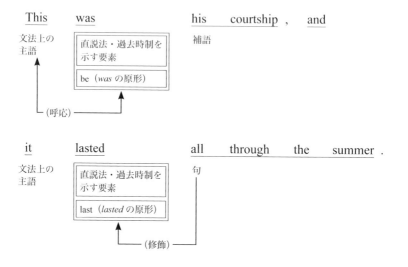

したがって、was や lasted はそれぞれの文法上の主語と人称・数の呼応があったり消失したりして、法・時制などを示しているので定形動詞です。

「**finite verb**〘文〙（定形動詞）　文法上の主語によって限定されて数・人称・時制・法などを示す動詞の形をいう．動詞の種類ではなく，同一の動詞がとる形態についての名称であることを示して，動詞の定形（finite form）あるいは定動詞形（finite verbal form）ともいう．これに対して文法的主語によって限定されない形が不定形（infinite form）で，分詞形・不定詞形・動名詞形の三つがある．定形動詞のうち，not の縮約形と結合し isn't, couldn't のような形をつくるものは変則定形動詞（ANOMALOUS FINITE）と呼ばれる．」（『新英語学辞典』研究社、1987年）

　なお、これらの定形動詞とそれぞれの文法上の主語についていえば、これらの定形動詞の直説法・過去時制を示す要素が、それぞれの文法上の主語について過去の事実としての要素を表している、ということです。このことは書き手が書いているときを現在とする書き手の立場から見ると、「それぞれの文法上の主語について過去の事実として述べている」ということになります。なお過去の事実とは過去に実際に存在したり、起こったりした事柄であって、現在と切り離して捉えています。また書き手が文法上の主語について過去の事実として述べていることは、文法上の主語に対する書き手の現在のおおよその心の態度を示していると考えられます。

　つまり、Oscar Wilde はこの物語に登場する 'I' の観点で、それぞれの文法上の主語について過去の事実として書いているのです。この文は「これは彼の求愛であった、そして、それは夏じゅうずっと続いた」という意味になります。

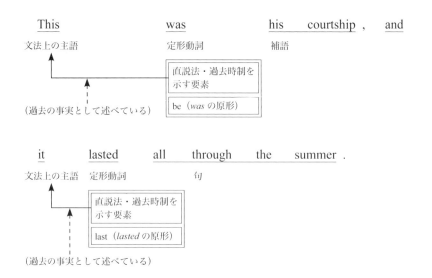

　この章では定形動詞について説明しようとしました。そして文法上の主語と定形動詞との関係、次いで書き手の立場での文法上の主語と定形動詞との関係について説明しました。

　次章では『THE HAPPY PRINCE』全文を形式段落ごとに区切り、読み進めてまいりますが、書き手あるいは話し手が「文法上の主語について過去の事実として述べている」場合についてはここで詳しく説明しましたので、最初の段落だけ説明し、次の段落からは特に説明を要する場合を除き、冗長さを避けるため説明を省かせていただきます。

　また作者はこの物語を直接話法を多く用いて書いています。そこで書き手あるいは話し手が「文法上の主語について現在の事実として述べている」場合について説明しますと、書き手が書いているときあるいは話し手が話しているときを現在としてその物事をまるごと視野に入れるぐらいの時間の幅を持って、文法上の主語について現在の事実として述べていることをいいます。なお現在の事実とは現在、実際に存在したり、起こったりする事柄であります。「文法上の主語について現在の事実として述べている」場合についても特に説明を要する場合を除き、冗長になるので説明を省きます。

なお動詞の現在形は現在の事実、現在の反復的なこと・習慣・習性、真理など常に不変であると思われること（一般的なこと）、確定的な未来のこと、過去に起こったことをありありと、あたかも目の前に起こっているかのように述べる劇的現在または歴史的現在と言われるものなどを表しますが、それぞれの境界はそんなに明確に判断できるものでもないように感じました。また時や条件を表す副詞節の中にも動詞の現在形が直説法・現在時制を示して使われていました。現在形が現在完了の代わりをしている場合などもありました。その他にも未来に関する表現など基本的な表現が多く出てきていると思いますので、さまざまな表現をご覧になりつつ、お話をお読みください。

第2章

『THE HAPPY PRINCE』の原文を書き手の話し手の心で読む

第2章　『THE HAPPY PRINCE』の原文を書き手の話し手の心で読む

THE HAPPY PRINCE

H<small>IGH</small> above the city, on a tall column, stood the statue of the
[kɔ́ləm]　(1)　[stǽtʃuː]
Happy Prince. He was gilded all over with thin leaves of fine
(2)
gold, for eyes he had two bright sapphires, and a large red
(3)　　　　　　　[sǽfaɪəz]
ruby glowed on his sword-hilt.
[rúːbi]　(4)　　　　[sɔ́ːd hilt]

（1）*H<small>IGH</small> above the city* は「市より上に高く（町の空高く）」、*on a tall column* は「高い円柱の上に」という意味である。**the statue of the Happy Prince** は文法上の主語であり、**stood** はこの文法上の主語について過去の事実として述べている。なお過去の事実として述べることによって現在と切り離して捉えている。*stood the statue of the Happy Prince* は「幸福な王子の像が立っていた」となる。**なお以下の *was*、*had*、*glowed* もそれぞれの文法上の主語に対して、これと同様な書き手の心の態度を示している。**

（2）〈be gilded with……〉で「金（金箔）を着せられる」、*all over* で「体じゅう」なので、*He was gilded all over with thin leaves of fine gold* は「彼は体じゅう上質の金の薄い箔（はく）を着せられていた（王子は全身薄い純金の箔を着せられていた）」となる。

（3）*for eyes* は「両目のためには（両目には）」、*he had two bright sapphires* は「彼には二つの輝いているサファイアがあった」となる。

（4）*and* は「そして」。*a large red ruby glowed* は「大きな赤いルビーが光っていた」となり、*on his sword-hilt* は「彼の剣の柄（つか）の上で（剣の柄で）」。

15

（1）〜（4）の訳
町の空高く、高い円柱の上に、幸福な王子様の像が立っておりました。王子様は全身薄い純金の箔を着せられ、両目にはきらきらしたサファイアがはめられ、剣の柄では大きな赤いルビーが光っていました。

He was very much admired indeed. "He is as beautiful as a weathercock," remarked one of the Town Councillors [káʊns(ə)ləz] who wished to gain a reputation for having artistic tastes; "only not quite so useful," he added, fearing lest people should think him unpractical, which he really was not.

（5）〈be admired〉で「称賛される」なので、*He was very much admired* は「彼はたいへん大いに称賛されていた（王子はずいぶんほめたたえられていた）」という意味になり、*indeed* は「実際に」。

（6）*He is as beautiful* は「彼（王子）は同じくらい美しい」、*as a weathercock* は「鶏の形をした風見（風見鶏）と同じく、と」。

（7）*one of the Town Councillors* が文法上の主語で、*remarked one of the Town Councillors* は「その、町の議員たちの一人が所見を述べた（その、市会議員の一人が述べた）」である。「英国では city の資格があってもよく town という」（『新英和中辞典』研究社、2003年）

（8）*who* 以下は関係代名詞節で *Town Councillors* を限定している。〈wish to do〉で「……したいと思う」、〈a reputation for……〉で「……という評判」、〈wish to gain a reputation for……〉で「……という評判を得たいと思う」。したがって、*who wished to gain a reputation for having artistic tastes* は（7）の *Town Councillors* の前の *the* と後から照応し、「芸術的な趣味を持っているという評判を得たいと思っていた（＝その）」

第2章　『THE HAPPY PRINCE』の原文を書き手の話し手の心で読む

となる。

（9）*only not quite so useful* は *not quite* で「完全には……ではない」が *so useful* を修飾して、「ただし完全にはそれほど役に立つのではない、と（もっとも、それほどには役に立たないが、と）」である。*he added* は「彼は付け加えた（この市会議員は付け加えていった）」、*fearing* は「気遣って（彼は気遣ったので、この市会議員は気遣ったので）」。

（10）〈*lest*〉は fear、be afraid、be frightened などに続いて「……しはすまいかと」である。〈think＋目的語＋補語〉で「……を……だと思う」。したがって、*lest people should think him unpractical* は *fearing* に続いて「人々が彼を非実際的だと思いはすまいかと（人々が自分を非実際家と思いはすまいかと）」となる。なお、この構文はイギリス英語で文語的。

（11）*which* は関係代名詞で、接続詞の要素と前節を少々曖昧に受け *unpractical* を指して *was (not)* の補語の要素を含んでいる。**he は文法上の主語であり、*was* はこの文法上の主語について過去の事実として述べ、*was not* でこの文法上の主語について過去の事実を否定的に述べている。***really* が *was not* の前に出て過去の事実の否定を強調している。したがって、*which he really was not* は連続的に述べて、「ところが実際には彼は非実際的どころではなかった（ところが実はこの市会議員は非実際家どころではなかった）」という意味になる。

　（5）〜（11）の訳
　王子様は実際ずいぶんほめたたえられておりました。芸術的な趣味を持っているという評判を得たがっていました市会議員の一人が「王子様は風見鶏のようにお美しい」と述べましたが、人々が自分を非実際家と思いはすまいかと気遣い、「もっとも、それほどには役に立ちませんがね」と付け加えていいました。ところが実はこの市会議員は非実際家どころではなかったのです。

"Why can't you be like the Happy Prince?" asked a sensible
　　　　　　(12)　　　　　　　　　　　　　　　　(13)
mother of her little boy who was crying for the moon. "The
　　　　　　　　　　　　　(14)
Happy Prince never dreams of crying for anything."
　　　　　　　(15)

　(12)「*can* は、起源的には主語の能力を表す語であったが、認識用法の成立は状況可能としての解釈に由来すると考えることができる」(『英語青年 10 月号（42〜44 頁）』研究社、2006 年）「英語の *can* は行為の成否の原因が状況にある場合にも能力にある場合にも区別なく用いられ、個々の例に関してどちらの場合に該当するか、判別が困難なことも多い」(Palmer（1987），Leech（2004）同上に掲載）*you* は文法上の主語であり、*can't* はこの文法上の主語の能力を否定的に述べている。*Why can't you be like the Happy Prince?* は「なぜお前は幸福な王子のようになることができないのか？ を、と（なぜお前は幸福な王子のようになれないのだろう？ と）」という意味になる。

　(13) *a sensible mother* が文法上の主語で、〈ask……of〜〉で「〜に……を尋ねる」なので、*asked a sensible mother of her little boy* は「分別のある母親は彼女の小さな男の子に尋ねた（物のわかった母親は小さな息子に言った）」となる。

　(14) *who* は関係代名詞で、接続詞の要素と *her little boy* を指して *was* の文法上の主語の要素を含んでいる。*was* はこの文法上の主語について過去の事実として述べ、*was crying* でこの文法上の主語について過去に進行・継続していた事実として述べている。〈cry for the moon〉で「得られないものを欲しがる、できない事を望む」。したがって、*who was crying for the moon* は *her little boy* を修飾して、「その息子は得られないものを欲しがっていたが（その息子はないものねだりをしていたが）」という意味になる。

　(15) *The Happy Prince* は文法上の主語である。(幸福な王子は実際はもうすでに死んでいるが、像が生きているかのように用い)、*(never)*

第2章　『THE HAPPY PRINCE』の原文を書き手の話し手の心で読む

dreams はこの文法上の主語について現在の反復的なこと・習慣・習性として述べている。〈never dream of……〉で「……を夢にも思わない」なので、*The Happy Prince never dreams of crying for anything* は「幸福な王子は何かを求めて声をあげて泣くことを夢にも思わない（幸福な王子は泣きわめいて物を欲しがるなんてことは夢にもしない）」という意味になる。

(12)〜(15) の訳
「なぜお前は幸福な王子様のようになれないのだろうね？　幸福な王子様は泣きわめいて物を欲しがるなんてことは夢にもなさらないんだよ」と物のわかった母親はないものねだりをしていました小さな息子に言いました。

"I am glad there is some one in the world who is quite hap-
　　　　　　(16)　　　　　(17)　　　　　　　　　　　　(18)
py," muttered a disappointed man as he gazed at the wonder-
　　　(19) [mʌ́təd]　　　　　　　　　　　　　(20)
ful statue.

(16)・(17)・(18) *I am glad* は「私はうれしい（ありがたいことだ）」という意味である。「英語では主題と主語とが一致するのが普通である」（『英語の構造（下）』岩波書店、1980年）「話し手が主題とするものは，一般的にいって聞き手にとって既知のものである．」（『英語の構造（下）』同前）「*There* 構文は主語が聞き手にとって未知情報であって主題にするのに不適当な場合，実質的な意味をもたない *there* を主題の位置である文頭においたものと説明される．」（『英語の構造（下）』同前）*there* は実質的な意味を持たないが、形の上では主語であり、実際の主語は *some one* である。*is* は実質的にはこの実際の主語の現在の事実として述べているので、*there is some one in the world* は「世の中にあ

る人がいることが」という意味になる。who が関係代名詞で、接続詞の要素と some one を指して is の文法上の主語の要素を含んでいる。who is quite happy は some one を修飾して、「この人はまったく幸福であるが、と」となる。

(19) *a disappointed man* が文法上の主語で、*muttered a disappointed man* は「失望した男の人はつぶやいた」である。

(20) 〈gaze at……〉で「……を熱心にじっと見つめる」。そこで *as he gazed at the wonderful statue* は「彼が素晴らしい像を熱心にじっと見つめていたとき（失望した男の人がこの素晴らしい像を熱心に見つめながら）」となる。

(16)〜(20) の訳
「ありがたいことに、この世の中にはまったく幸福な人もいるんだなあ」と、失望した男の人はこの素晴らしい像を熱心に見つめながら、つぶやきました。

"He looks just like an angel," said the Charity Children as
     (21) [éɪndʒəl] (22)
they came out of the cathedral in their bright scarlet cloaks
     (23) [kəθíːdrəl]
and their clean white pinafores.
     [pínəfɔ̀ːz]

(21) 〈look like……〉で「……のように見える」なので、*He looks just like an angel* は「彼はちょうど天使のように見える、と（王子は天使にそっくりだ、と）」という意味になる。

(22) *the Charity Children* が文法上の主語で、*said the Charity Children* は「慈善団体（慈善学校）の子供たちは言った」である。

(23) *as they came out of the cathedral* は「彼女らが大聖堂から出てきたとき」、*in their bright scarlet cloaks and their clean white pinafores* は「彼女

らの色鮮やかな真っ赤な外套(がいとう)と彼女らの清潔な白い前掛けを着て(緋色の外套と真っ白な前掛けを身につけて)」。

(21)~(23)の訳
「王子様は天使にそっくりだわ」と、緋色の外套と真っ白な前掛けを身につけた慈善学校の子供たちが大聖堂から出てきますと、言いました。

"How do you know?" said the Mathematical Master, "you have never seen one."
(24)　　　　　　　　　　　　　　　　　　　(25)
(26)

(24) *you* は文法上の主語であり、*do* はこの文法上の主語について現在の事実として述べている。*How do you know?* は「どうしてお前たちは知っているのか? と(どうしてお前たちにそんなことがわかるのか? と)」という意味になる。なお know のように時間的な長さを持つ動詞、その他に心理状態を表す動詞は普通は進行形を用いない。

(25) *said the Mathematical Master* は「数学の先生が言った」。

(26) *you* は文法上の主語であり、*have* はこの文法上の主語について現在の事実として述べ、*have (never) seen* でこの文法上の主語について現在(今)までの事実として述べている。*never* で「いまだかつて……ない、一度も……しない」なので、*you have never seen one* は「お前たちはいまだかつて天使を見たことがない、と(お前たちは天使など見たこともないじゃないか、と)」という意味になる。

(24)~(26)の訳
「どうしてお前たちにそんなことがわかるのかね? 天使など見たこともないじゃないか」と数学の先生は言いました。

> "Ah! but we have, in our dreams," answered the children;
> (27)　　　　　　　　　　　　　　　　　　　　　　　(28)
> and the Mathematical Master frowned and looked very
> 　　　　　　　　　　　　　　(29) [fráond]　　　　(30)
> severe, for he did not approve of children dreaming.
> [səvíə]　　(31)　　　　　[əprúːv]

(27) *Ah!* は驚き・嘆きなどを表して「ああ！」。*but* は「でも」という意味である。「,」（コンマ）を用いて、*have* の後に **seen one** を省いていることを表しているので、*we have, in our dreams* は「私たちは私たちの夢の中で（天使を見たことが）ある、と（私たちは夢の中である、と）」となる。

(28) *answered the children* は「子供たちは答えた（子供たちも言った）」。

(29)・(30) *and* は「すると」。*the Mathematical Master frowned* は「数学の先生は顔をしかめた」、*and looked very severe* は「そして顔つきがたいへん厳しかった（そしてたいそうむずかしい顔をした）」。

(31) *he* は文法上の主語であり、*did* はこの文法上の主語について過去の事実として述べ、*did not* でこの文法上の主語について過去の事実を否定的に述べている。〈approve of……〉で「……に賛成する、……を満足に思う」。そこで *for he did not approve of children dreaming* は「という訳は彼は子供たちの夢見に賛成しなかった（先生は子供たちが夢を見ることに賛成ではなかった）から」という意味になる。なお *for* で「という訳は……だから」は文語的。

(27)〜(31) の訳
「ああ、でも夢の中であるわ」と子供たちも言いました。すると数学の先生は顔をしかめ、たいそうむずかしい顔をしました。というのは先生は子供たちが夢を見ることに賛成ではありませんでしたから。

第2章　『THE HAPPY PRINCE』の原文を書き手の話し手の心で読む

> One night there flew over the city a little Swallow. His
> (32)   [swɔ́lou]
> friends had gone away to Egypt six weeks before, but he had
> (33)   [íːdʒɪpt]   (34)
> stayed behind, for he was in love with the most beautiful
> (35)
> Reed. He had met her early in the spring as he was flying
>   (36)   (37)
> down the river after a big yellow moth, and had been so
>   (38)
> attracted by her slender waist that he had stopped to talk to
> [ətrǽktəd]   (39)
> her.

　(32) *One night* は「ある晩には（ある晩は、ある晩、ある晩のこと）」という意味。(17)で触れているように *there* は形の上の主語で、*a little Swallow* が実際の主語であり、*flew* は実質的にはこの実際の主語の過去の事実として述べている。*there flew over the city a little Swallow* は *Swallow* が大文字で始まり擬人化されて、「小さな燕が市の上方に（町の空に）飛んできた」となる。

　(33) *His friends* は文法上の主語であり、*had* はこの文法上の主語について過去の事実として述べ、*had gone* でこの文法上の主語について過去（小さな燕が町の空に飛んできたとき）までの事実として述べている。〈go away〉で「立ち去る」なので、*His friends had gone away* は「彼の友達は立ち去ってしまっていた（友達は行ってしまった）」という意味になり、*to Egypt* は「エジプトへ」、*six weeks before* は「前述の時より六週間前に（それより六週間前に）」。なお、ここからは小さな燕が町の空に飛んできたときより前のことを書いている。なお以下の *had stayed* も *had met* も *had been* も *had stopped* もその文法上の主語に対して、これと同様な書き手の心の態度を示している。

　(34) *but* は「しかし」。*he had stayed* は「彼は居残ってしまっていた（燕は残っていたのだった）」、*behind* は「後に」となる。

　(35) *was* は過去形であるが、過去形のままでも意味に曖昧さが起こらないので、過去完了の代わりに使われている。〈be in love with……〉で

23

「……と恋をしている」。そこで、*for he was in love with the most beautiful Reed* は *Reed* が擬人化されて、「という訳は彼は一番美しい葦と恋をしていたから」という意味になる。

(36) *He had met her* は「彼は彼女に会ったのだった」、*early in the spring* は「春早く（春まだ浅いころ）」となる。

(37) (35)と同様に *was* も過去完了の代わりに使われている。そこで *as he was flying down the river* は「彼が川に沿って（川の上を、川面を）飛んでいたとき」、*after a big yellow moth* は「大きな黄色い蛾の後を追って」となる。

(38)・(39) (36)の *He* は *had been (so) attracted* の文法上の主語でもある。〈be attracted by……〉で「……にひきつけられる」。そこで *and had been so attracted by her slender waist* は「そして（彼は）彼女の細い腰に非常にひきつけられてしまっていた（そして燕は葦のすんなりとした細腰にたいそう惹かれてしまった）」となる。*that he had stopped to talk to her* は結果を表して、「で、彼は彼女と話をするために立ち止まったのだった」となる。

(32)〜(39)の訳
　ある晩のこと、小さな燕が町の空に飛んできました。友達はその六週間前に行ってしまいましたが、この燕は一番美しい葦と恋をしていましたので、後に残っていたのでした。燕は春まだ浅いころ大きな黄色い蛾を追いかけて川面を飛んでいましたときに、この葦に出会いまして、すんなりとした細腰にたいそう惹かれてしまい、話しかけようと立ち止まったのでした。

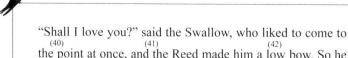

"Shall I love you?" said the Swallow, who liked to come to
(40)　　　　　　　(41)　　　　　　　　　　　　(42)
the point at once, and the Reed made him a low bow. So he
　　　　　　　　　　　　　　　　　　(43)　　　　[báu]
flew round and round her, touching the water with his wings,
(44)

第2章　『THE HAPPY PRINCE』の原文を書き手の話し手の心で読む

> and making silver ripples. This was his courtship, and it lasted all through the summer.
> (45)
> (46)

　(40)「Shall も本来は話者の意志を表わす助動詞である」(『英語の構造 (上)』岩波書店、1980 年) *I* は文法上の主語であり、**Shall** はこの文法上の主語について話し手の意志（私の意志）として述べている。*Shall I love you?* は私の意志を問うことによって相手の意向を尋ねて「私があなたに恋しようか？と（私はあなたを好きになってもいいだろうか？と）」という意味になる。

　(41)（*said the Swallow*）

　(42) *who* は関係代名詞で、接続詞の要素と *the Swallow* を指して *liked* の文法上の主語の要素を含んでいる。〈like to do〉で「……するのが好きだ」、〈come to the point〉で「要点を言う」、〈like to come to the point〉で「要点を言うのが好きだ」。したがって、*who liked to come to the point at once* は *the Swallow* について連続的に述べて、「という訳はこの燕はすぐ要点を言うのが好きだった（この燕は単刀直入派だった）から」となる。

　(43) *and* は「すると」。〈make ＋目的語（人）＋目的語〉で「（人）に……をする」なので、*the Reed made him a low bow* は「葦は彼に低いお辞儀をした（葦は燕にふかぶかとお辞儀をした）」となる。

　(44) *So* は「そこで」。*he flew* は「彼は飛んだ」、*round and round her* は「彼女をぐるぐると回って」。*touching the water with his wings* は「彼の翼で水に触れながら（彼は翼で水に触れながら）」、*and* は「そして」、*making silver ripples* は「銀色のさざ波を立てながら（彼は銀色のさざ波を立てながら）」。

　(45)・(46) *This was his courtship* は「これは彼の求愛であった（これはこの燕の求愛であった）」。*and* は「そして」。*it* は *This* を受けて文法上の主語で、*it lasted* は「それ（これ）は続いた」であり、*all through the summer* は「すっかり夏じゅう（夏じゅうすっかり、夏じゅうずっ

と）」。なお、これは第1章で引用している文。

(40)～(46)の訳
「あなたを好きになってもいいですか？」と燕は単刀直入派でありましたから、言いました。すると、葦はふかぶかとお辞儀をしました。そこで燕は翼で水に触れ、銀色のさざ波を立てながら、葦の周りをぐるぐると飛び回りました。これはこの燕の求愛であり、夏じゅうずっと続きました。

> "It is a ridiculous attachment," twittered the other Swallows;
> (47)　[rɪdíkjʊləs]　　　　　　　　　(48)
> "she has no money, and far too many relations;" and indeed
> (49)
> the river was quite full of Reeds. Then, when the autumn
> (50)
> came they all flew away.
> 　(51)　　　　　(52)

(47) *It* がその場の事情・状況を漠然と指して文法上の主語であるので、*It is a ridiculous attachment* は「事情・状況（燕が葦に恋している様子）は馬鹿げた愛着だ、と（燕が葦に惚れるなんて馬鹿げている、と）」という意味になる。

(48) *twittered the other Swallows* は *Swallows* が大文字で始まり擬人化されて、「ほかの燕たちが囀った（仲間の燕たちが囀るように言った）」である。

(49) *she has no money* は目的語に否定語を用いて意味上否定を表し、「彼女には何もお金がない（葦はお金もない）」である。**and の後に has を省いている**。*and far too many relations* は *far* で *too many* を強めて、「それなのにたいへんあまりにも多くの親類（がいる）と（それなのにうんとうんと親類縁者がいる、と）」となる。

(50) *and* は「そして」である。*indeed* は「実際に（実際）」。〈be full

of……〉で「……でいっぱいである」なので、*the river was quite full of Reeds* は *Reeds* が擬人化されて、「川はまったく葦たちでいっぱいであった」となる。

(51) *Then* は「それから、その後で（やがて）」、*when the autumn came* は「秋が来たとき（秋が来ると）」。

(52) *they* は文法上の主語で、*all* が *they* と同格で、*they all* で文法上の主語であるので、*they all flew away* は「彼らみんなは飛び去った（仲間の燕たちはみんな飛び去ってしまった）」となる。

(47)〜(52) の訳
「燕が葦に惚れるなんて馬鹿げている。葦はお金もない、それなのに親類縁者がうんとうんといるんだ」と、仲間の燕たちは囀るように言いました。実際、川はまったく葦たちでいっぱいでした。やがて秋が来ますと、仲間の燕たちはみんな飛び去ってしまいました。

After they had gone he felt lonely, and began to tire of his
　　　　　(53)　　　(54)　　　　　　　　(55)　　　[táɪə]
lady-love. "She has no conversation," he said, "and I am
　　　　　　(56)　　　　　　　　　(57)　　　　　　　　(58)
afraid that she is a coquette, for she is always flirting with
　　　　　　(59)　　　[kɔkét]　　　　(60)　　　　　　[flə́ːtɪŋ]
the wind." And certainly, whenever the wind blew, the
　　　　　　　　　　　(61)
Reed made the most graceful curtseys. "I admit that she is
　　　　(62)　　　　　[kə́ːtsiz]　　(63)　　　　(64)
domestic," he continued, "but I love travelling, and my wife,
[dəméstɪk]　　(65)　　　　　(66)
consequently, should love travelling also."
[kɔ́nsɪkwəntli]　　(67)

(53) *they* は文法上の主語であり、*had* はこの文法上の主語について過去の事実として述べ、*had gone* でこの文法上の主語について過去（燕が寂しくなり、そろそろ恋人に嫌気が差してきたとき）までの事実と

して述べている。そこで After they had gone は「彼らが行ってしまっていた後で（仲間の燕たちが行ってしまうと）」という意味になる。なお after は時の前後関係をはっきり示しているので、このように過去完了にしないで過去にする場合もかなりある。

(54)・(55) he felt lonely は「彼は寂しい感じがした（燕は寂しくなった）」。〈begin to do〉で「……し始める、……し出す」、〈tire of……〉で「……に飽きる」、〈begin to tire of……〉で「……に飽き始める、……に飽き出す」なので、and began to tire of his lady-love は「そして彼の恋人に飽き出した（そろそろ恋人に嫌気が差してきた）」となる。

(56) She has no conversation は目的語に否定語を用いて意味上否定を表し、「彼女には何も会話がない、と（葦はろくに口もきけない、と）」である。

(57) (he said)

(58)・(59) and は「そして（それに）」。I am afraid は「私は残念に思っている」、that she is a coquette は「彼女が男たらしであるということを」。

(60) she は文法上の主語であり、is はこの文法上の主語について現在のかなりの期間にわたる事実として述べ、is (always) flirting でこの文法上の主語について現在のかなりの期間にわたり進行・継続している事実として述べ、is always flirting でこの文法上の主語について現在のかなりの期間にわたり進行・継続している事実が繰り返されていることを強調している。〈flirt with……〉で「……といちゃつく」。そこで for she is always flirting with the wind は「という訳は彼女はいつでも風といちゃついているから、と」という意味になり、話し手（私、燕）の葦への非難の感情が含まれている。

(61) And certainly は「そして確かに（確かに）」である。the wind は文法上の主語であり、blew はこの文法上の主語について過去のかなりの期間にわたり反復・継続した事実として述べている。そこで whenever the wind blew は「風が吹いていたときはいつでも（風が吹くたびにいつも）」となる。なお次の made もその文法上の主語に対して、これと同

様な書き手の心の態度を示している。

(62) *the Reed made the most graceful curtseys* は「葦は最もしとやかな左足を引きひざを曲げる女性のお辞儀（この上なくしとやかなお辞儀）をしていた」となる。

(63)・(64) *I admit* は「私は認める（なるほど）」、*that she is domestic* は「彼女が外出嫌いであるということを、と（出嫌いな女だ、と）」。

(65) *he continued* は「彼が続けた（燕が続けていった）」。

(66) *but* は「しかし」、*I love travelling* は「私は旅行（旅）が大好きだ」。

(67) *and* は「だから」である。Should は「**義務・望ましさ　義務を表すが，must のような命令的な感じはない。**」（『英文法解説 ― 改訂三版 ―』金子書房、2009 年）*my wife* は文法上の主語であり、*should* はこの文法上の主語について義務・望ましさとして述べている。*my wife, consequently, should love travelling also* は *consequently* で「その結果として、したがって」、「したがって、私の妻も旅行が大好きでなくてはいけない、と（やはり私の妻も旅が大好きでなくちゃいけない、と）」となる。

(53)～(67) の訳
仲間が行ってしまいますと、燕は寂しくなり、そろそろ恋人に嫌気が差し、「葦はろくに口もきけなくて、それにいつでも風といちゃついているから、男たらしじゃないかな」と言いました。確かに風が吹きますたびにいつも葦はこの上なくしとやかなお辞儀をしていたのでした。「なるほど出嫌いな女だが、しかし私は旅が大好きだから、やはり私の妻も旅が大好きでなくちゃいけない」と燕は続けていいました。

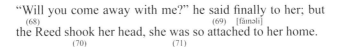

"Will you come away with me?" he said finally to her; but
　　(68)　　　　　　　　　　　　　　(69)　[fáinəli]
the Reed shook her head, she was so attached to her home.
　　(70)　　　　　　　　　(71)

(68)「*Will* は本来，主語の意志を表わす助動詞で，すべての人称に用いられる．」(『英語の構造（上）』同前）が、意志される事柄は未来であるので、未来の事柄を推量したり、現在や過去の事柄も推量する。また依頼・勧誘なども表す。*you* は文法上の主語であり、*Will* は（この文法上の主語の意志を問いつつ）この文法上の主語について依頼・勧誘として述べている。〈come away〉で「出てくる、別れてくる」。したがって *Will you come away* は「あなたは別れてきてくれる（あなたは来てくれる）」、*with me?* は「私と一緒に？と」という意味になる。

(69)〈say to（人）〉で「（人）に言う」なので、*he said finally to her* は「彼はとうとう彼女に言った（燕はとうとう葦に言った）」となる。

(70) *but* は「しかし」、*the Reed shook her head* は「葦は彼女の頭を振った（葦は首を振った）」。

(71)〈be attached to……〉で「……に愛着を覚える」、*so* で「それほど、そんなに」なので、*she was so attached to her home* は「彼女はそれほど彼女の家庭に愛着を覚えていた（葦はそれほど自分の家に愛着があった）」となる。

(68)～(71) の訳
「私と一緒に来てくれる？」と燕はとうとう葦に言いました。しかし葦は自分の家に愛着がありましたので、首を振りました。

"You have been trifling with me," he cried. "I am off to the
　　　　　(72)　　　[tráɪflɪŋ]　　　　　　　(73)　　(74)
Pyramids. Good-bye!" and he flew away.
[pírəmɪdz]　　　(75)　　　　　(76)

(72) *You* は文法上の主語であり、*have* はこの文法上の主語について現在の事実として述べ、*have been* でこの文法上の主語について現在まで

の事実として述べ、*have been trifling* でこの文法上の主語について現在（今）まで進行・継続している事実として述べている。〈trife with……〉で「……をもてあそぶ、……をいじくる」なので、*You have been trifling with me* は「あなたは私をもてあそんできている、と（あなたは今まで私をからかっていたんだ、と）」という意味になる。

(73) *he cried* は「彼（燕）は叫んだ」。

(74) *I am off* は「私は出かける」、*to the Pyramids* は「ピラミッドの方へ」。なお、この文は私（燕）が話していることが今行われるとして述べている。このような場合も現在形の動詞が使われている。

(75) *Good-bye!* は「さようなら！」。なお、この文の中には文法上の主語も定形動詞もない。文は主語や動詞がなくても成り立ち、文の基本は英語でも一つ一つの単語である。

(76) *and* は「……して（こう叫んで）」、*he flew away* は「彼は飛び去った」。

(72)〜(76) の訳

「あなたは今まで私をからかっていたんだ。私はピラミッドの方へ出かけるよ。さようなら！」と燕は叫びますと、飛び去ってしまいました。

All day long he flew, and at night-time he arrived at the city.
  　　　　　　　(77)
"Where shall I put up?" he said; "I hope the town has made
　　　　　　　　　　　　　　　　(78)
  (79)　　　　　(80)　　　(81)　　　　　(82)
preparations."

(77) *All day long* は「一日じゅう」、*he flew* は「彼は飛んだ（燕は飛び続けた）」という意味である。

(78) *and* は「そして」。*at night-time* は「夜のときに（夜）」、*he arrived*

at the city は「彼は市（町）に着いた」。

（79）*I* は文法上の主語であり、(40) で触れているように *shall* はこの文法上の主語について話し手の意志（私の意志）として述べている。〈put up〉で古いイギリス英語で「宿泊する」。したがって *Where shall I put up?* は自問して「どこに私が宿泊するようにしようか？ と（私はどこに泊まろうか？ と）」という意味になる。

（80）（*he said*）

（81）・（82）*I hope* は「私は望む（いいのだが）」という意味である。**the town** は文法上の主語であり、**has** はこの文法上の主語について現在の事実として述べ、**has made** でこの文法上の主語について現在（今）までの事実として述べている。*the town has made preparations* は「町が用意してあることを、と（町で用意してくれている、と）」となる。

　　(77)〜(82) の訳
　　一日じゅう燕は飛び続け、夜、町に着き、「どこに泊まろうかな？ 町で用意してくれているといいんだが」と言いました。

Then he saw the statue on the tall column.
(83)

（83）*Then* は「それから、その後で（すると）」、*he saw the statue on the tall column* は「彼には高い円柱の上の像が見えた（高い円柱の上の像が燕の目に留まった）」という意味である。

　　(83)の訳
　　すると高い円柱の上の像が燕の目に留まりました。

第2章　『THE HAPPY PRINCE』の原文を書き手の話し手の心で読む

> "I will put up there," he cried; "it is a fine position, with
> (84)　　　　　　　(85)　　　　　　　(86)
> plenty of fresh air." So he alighted just between the feet of
> 　　　　　　　　　　　(87)
> the Happy Prince.

(84) *I* は文法上の主語であり、(68) で触れているように *will* はこの文法上の主語の意志として述べている。*I will put up* は「私は宿泊するとしよう（私は泊まろう）」、*there* は「あそこに、と」という意味になる。
(85) *he cried* は「彼（燕）が叫んだ」。
(86) *it* が *there* を受けて文法上の主語で、*it is a fine position* は「それは申し分のない場所だ（あそこはいい場所だ）」であり、*with plenty of fresh air* は「さわやかな空気がたくさんあって、と（風がさわやかで、と）」。
(87) *So* は「そうすると（こう叫んで）」、*he alighted* は「彼は下り立った」、*just between the feet of the Happy Prince* は「ちょうど幸福な王子の両足の間に（幸福な王子の両足のちょうどその間に）」。

(84)〜(87) の訳
「あそこに泊まろう。風がさわやかでいい場所だ」と燕は叫び、幸福な王子様の両足のちょうどその間に下り立ちました。

> "I have a golden bedroom," he said softly to himself as he
> 　　　　　　　　　　　　　　　　(88)　　　　　　　　　(89)
> looked round, and he prepared to go to sleep; but just as he
> (90)　　　　　　　　　　　　　(91)
> was putting his head under his wing a large drop of water fell
> (92)　　　　　　　　　　　　　　　　　　　　　　　　　　(93)
> on him. "What a curious thing!" he cried; "there is not a sin-
> 　　　　　　　[kjúəriəs]　　　　　　(94)　　　(95)
> gle cloud in the sky, the stars are quite clear and bright, and
> 　　　　　　　　　　　　　　　　　　(96)
> yet it is raining. The climate in the north of Europe is really
> (97)　　　　　　[kláimət]　　　　　　　　　　　　(98)
> dreadful. The Reed used to like the rain, but that was merely
> 　　　　　　　　(99) [júːs(t)]　　　　　　　　　(100)　　[míəli]

33

> her selfishness."

（88）*I have a golden bedroom* は「私には金製の、すばらしい寝室がある、と（私は黄金の寝室にありついた、と）」という意味である。

（89）〈say to oneself〉で現在ではあまり用いられないが、「独り言を言う」なので、*he said softly to himself* は「彼（燕）はそっと独り言を言った」となる。

（90）〈look round〉で「見回す」。そこで *as he looked round* は「彼が見回していたとき（燕が辺りを見回しながら）」となる。

（91）*and* は「それから」。〈prepare to do〉で「……する用意をする」、sleep が名詞で〈go to sleep〉で「寝つく」、〈prepare to go to sleep〉で「寝つく用意をする」なので、*he prepared to go to sleep* は「彼は寝つく用意をした（燕は眠りにつく仕度をした）」となる。

（92）*but* は「しかし、だが、けれども（ところが）」という意味である。「終始、開閉、生死などのように、継続の概念を含まない、一時限りの動作をあらわす動詞の進行形現在はまさに何々しようとするという意味をあらわす。」（『新自修英文典［増訂新版］』研究社出版、1968年）*was putting* は he について「まさに置こうとしていた」という意味を表している。そこで *just as he was putting his head* は「ちょうど彼が彼の頭をまさに置こうとしていたとき（燕が頭を入れようとしていたちょうどそのとき）」、*under his wing* は「彼の翼の下に（翼の下に）」となる。

（93）*a large drop of water fell* は「水の大きな滴が落ちた（大きな水滴が一つ落ちてきた）」、*on him* は「彼の上に（体に）」。

（94）*What a curious thing!* は「なんと奇妙なことだろう！と」。*he cried* は「彼が叫んだ」。

（95）（17）で触れているように *there* は形の上の主語である。*not* は *is* を否定するのではなく、*not a single* で強い否定を表して *cloud* を修飾し、*not a single cloud* が実際の主語である。*is* は実質的にはこの実際の主語の現在の事実として述べている。*there is not a single cloud* は実際の

第2章　『THE HAPPY PRINCE』の原文を書き手の話し手の心で読む

主語に強い否定句を用いて意味上強い否定を表し、「たった一片の雲もない」、in the sky は「空の中に（空に）」という意味になる。

（96） the stars are quite clear and bright は「星はまったく澄み切って、そして輝いている（星はよく冴えて輝いている）」。

（97） and yet は「それなのに」という意味である。it はその場の天候・寒暖を表して文法上の主語であり、is はこの文法上の主語について現在の事実として述べ、is raining でこの文法上の主語について現在、進行・継続している事実として述べている。it is raining は「天候・寒暖（天気）は雨が降っている状態だ（雨が降っている）」となる。

（98） The climate in the north of Europe が文法上の主語で、The climate in the north of Europe is really dreadful は「ヨーロッパの北における気候（ヨーロッパの北国の気候）は本当に恐ろしい」である。

（99） The Reed は文法上の主語であり、（used はこの文法上の主語について過去の事実として述べているのではなく）used to となって、この文法上の主語について過去の習慣的なこととして述べている。〈used to do〉で「……するのが常であった、……する習わしだった」なので、The Reed used to like the rain は「葦は雨を好むのが常であった（葦は雨が好きだったものだ）」という意味になる。

（100） but は「でも」。that was merely her selfishness は merely で「単に、単に……に過ぎない」、「それは単に彼女のわがままに過ぎなかった、と（それはあの娘の身勝手だったんだ、と）」である。

(88)〜(100) の訳
「黄金の寝室にありついた」と燕は辺りを見回しながら、そっと独り言を言い、それから眠りにつく仕度をしました。ところが翼の下に頭を入れようとしましたちょうどそのとき、大きな水滴が一つ体に落ちてきました。「なんて不思議なことだろう！　空にはたった一片の雲もなくて、星はよく冴えて輝いている。それなのに雨が降っている。ヨーロッパの北国の気候は本当に恐ろしい。葦は雨が好きだったものだが、でもそれはあ

の娘の身勝手だったんだ」と燕は叫びました。

Then another drop fell.
(101)

---

(101) *Then* は「それから、その後で（すると）」、*another drop fell* は「もう一つの滴が落ちた（また一滴落ちてきた）」という意味である。

(101)の訳
すると、また一滴落ちてきました。

"What is the use of a statue if it cannot keep the rain off?"
(102)　　　　　　　　　　　(103)
he said; "I must look for a good chimney-pot," and he
(104)　　　(105)
determined to fly away.
(106) [dɪtɑ́ːmɪnd]

---

(102)・(103) *What is the use of a statue (if it cannot keep the rain off)?* は「像の効用は何か？」という意味から転じた反語で強い断定を表し、「像の効用は何だというのだ（像なんて何の役に立つというんだ）」である。*it* は *a statue* を受けて文法上の主語である。（この文法上の主語は無生物であるが、その無生物が能力を有するように用い）(12)で触れているように *cannot* はこの文法上の主語の能力を否定的に述べている。〈keep ＋目的語＋ off〉で「……を離しておく」。そこで *if it cannot keep the rain off* は「それが雨を離しておくことができないとすれば、と（像が雨を防ぐことができないとすれば、と）」となる。

(104) *he said* は「彼（燕）が言った」。

(105)「*Must* の人称的用法は主語の義務や話者の強制を表わし、否定の *must not* は禁止を意味する.」(『英語の構造（上）』同前）*I* は文法上の主語であり、*must* はこの文法上の主語の義務として述べている。〈look for……〉で「……を探す、……を得ようと求める」なので、*I must look for a good chimney-pot* は「私はよい煙突の煙出しを探さなければならない、と（私はうまい煙突の傘を探さなくちゃならない、と）」という意味になる。

(106) *and* は「……して（こう言って）」。〈determine to do〉で「……することを決心する」なので、*he determined to fly away* は「彼は飛び去ることを決心した（燕は飛び去る決心をした）」となる。

(102)〜(106) の訳
「雨を防ぐことができない像なんて何の役に立つというんだ。うまい煙突の傘を探さなくちゃならない」と燕は言い、飛び去る決心をしました。

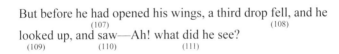

But before he had opened his wings, a third drop fell, and he
　　　　　　　　(107)　　　　　　　　　　　　　　　　　　(108)
looked up, and saw—Ah! what did he see?
　(109)　　　(110)　　　　　(111)

(107) *But* は「しかし、だが、けれども（ところが）」という意味である。*he* は文法上の主語である。*had opened* は *before* 節の中で使い、この文法上の主語について過去の事実に反する仮定として述べている。*before he had opened his wings* は「実際は彼は彼の翼を広げなかったけれども、彼が彼の翼を広げるだろうと思っていたより前に（彼が彼の翼を広げないうちに、燕が翼を広げないうちに）」となる。

(108) (*a third drop fell*)

(109)・(110) *and* は「……すると、だから（そこで）」。〈look up〉で

「見上げる」なので、he looked up は「彼は見上げた（燕は顔を上げた）」となり、and saw は「すると見えた（すると目に入った）」。―（ダッシュ）は書き手の考え・口調の急な変化を表している。

（111）Ah! は驚き・嘆きなどを表して「ああ！」。he は文法上の主語であり、did はこの文法上の主語について過去の事実として述べているので、what did he see? は「彼には何が見えたのか？（燕には何が目に入ったのか？）」という意味になる。

(107)〜(111) の訳
ところが燕が翼を広げませんうちに、三滴目が落ちてきました。そこで燕が顔を上げますと、目に入りました。―― ああ！何が目に入ったのでしょうか。

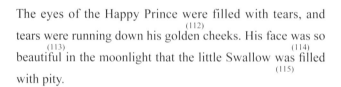

The eyes of the Happy Prince were filled with tears, and
(112)
tears were running down his golden cheeks. His face was so
(113)   (114)
beautiful in the moonlight that the little Swallow was filled
                                             (115)
with pity.

（112）〈be filled with……〉で「……でいっぱいにされる、……で満たされる」なので、The eyes of the Happy Prince were filled with tears は「幸福な王子の両目は涙でいっぱいにされていた（涙でいっぱいになっていた）」という意味になる。

（113）and は「そして」である。tears は文法上の主語であり、were はこの文法上の主語について過去の事実として述べ、were running でこの文法上の主語について過去に進行・継続していた事実として述べている。tears were running down his golden cheeks は「涙は彼の金色の頬を

伝って流れ落ちていた（涙は金色の頬を流れ落ちていた）」となる。

(114)・(115) *His face was so beautiful* は「彼の顔は非常に美しかった（王子の顔はたいそう美しかった）」、*in the moonlight* は「月光の中で（月の光に映えて）」。*that the little Swallow was filled with pity* は結果を表して「で、小さな燕は哀れみで満たされた（で、小さな燕は哀れみの気持ちで胸がいっぱいになった）」である。

(112)〜(115) の訳
幸福な王子様の両目は涙でいっぱいになり、涙は金色の頬を流れ落ちていました。王子様の顔は月の光に映えてたいそう美しくありましたので、小さな燕は哀れみの気持ちで胸がいっぱいになりました。

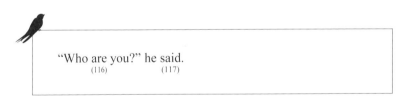

"Who are you?" he said.
　　(116)　　　　(117)

(116) *you* が文法上の主語であるので、*Who are you?* は「あなたは誰(だれ)か？と」という意味になる。

(117) *he said* は「彼（燕）は言った」。

(116)〜(117) の訳
「あなたはどなたですか？」と燕は言いました。

"I am the Happy Prince."
　　　(118)

(118) (*I am the Happy Prince*)

(118) の訳
「私は幸福な王子だよ」

"Why are you weeping then?" asked the Swallow; "you have
(119)   (120)   (121)
quite drenched me."

(119) *you* は文法上の主語であり、*are* はこの文法上の主語について現在の事実として述べ、*are (you) weeping* でこの文法上の主語について現在、進行・継続している事実として述べている。*Why are you weeping* は「なぜあなたは涙を流して泣いているのか」、*then?* は「それなら？と」という意味になる。

(120) *asked the Swallow* は「燕は尋ねた（燕は像に言った）」。

(121) *you* は文法上の主語であり、*have* はこの文法上の主語について現在の事実として述べ、*have (quite) drenched* でこの文法上の主語について現在（今）までの事実として述べている。*you have quite drenched me* は「あなたは私をすっかり濡らしてしまっている、と（おかげで私はびしょ濡れになってしまった、と）」という意味になる。

(119)〜(121) の訳
「それなら、なぜ涙を流して泣いていらっしゃるのですか？ おかげでびしょ濡れになってしまいました」と燕は像に言いました。

第 2 章　『THE HAPPY PRINCE』の原文を書き手の話し手の心で読む

> "When I was alive and had a human heart," answered the
> (122)　　　　　　(123)　　　　　　　　(124)
> statue, "I did not know what tears were, for I lived in the Pal-
> 　　　　(125)　(126)　　(127)
> ace of Sans-Souci, where sorrow is not allowed to enter. In
> 　　[sɑ̃ susi]　　　　　(128)　　　[əláud]
> the daytime I played with my companions in the garden, and
> 　　　　　　　　　　　　　(129)
> in the evening I led the dance in the Great Hall. Round the
> 　　　　　　(130)
> garden ran a very lofty wall, but I never cared to ask what lay
> 　　　　　　(131)　　　　　　　(132)　　　　　　(133)
> beyond it, everything about me was so beautiful. My courtiers
> 　　　　　　　　　　　　(134)　　　　　　　　　[kɔ́ːtiəz]
> called me the Happy Prince, and happy indeed I was, if
> (135)　　　　　　　　　　　　　　　　　　　　　(136)
> pleasure be happiness. So I lived, and so I died. And now that
> 　　　　　(137)　　　　　(138)　　　(139)
> I am dead they have set me up here so high that I can see all
> (140)　　(141)　　　　　　　　　　　　　　　　(142)
> the ugliness and all the misery of my city, and though my
> 　　[ʌ́glinəs]　　　　　　[míz(ə)ri]
> heart is made of lead yet I cannot choose but weep."
> 　(143)　　　　　(144)

　(122)・(123) *When I was alive* は「私が生きていたとき」、*and had a human heart* は「そして人間の心臓を持っていた、と（そして人間の心臓を持っていたとき、と）」という意味である。

　(124) (*answered the statue*)

　(125)・(126) ***I*** は文法上の主語であり、***did*** はこの文法上の主語について過去の事実として述べ、***did not*** でこの文法上の主語について過去の事実を否定的に述べている。*I did not know* は「私は知らなかった」という意味になる。*what* は間接疑問の疑問代名詞で、名詞節を導く接続詞の要素と *were* の補語の要素を含んでいる。「主節の動詞が過去時制の場合は，主節の時制に引かれて従属節の動詞は過去時制を必要とし，照応の問題が起こる」（『新英語学辞典』同前）これと文法上の主語との人称・数などの呼応の問題が起こり、時制の一致の制約が生ずる。***were*** **は時制の一致の制約に従っている。**したがって *what tears were* は「涙が何であったかということを（涙が何であるかを）」となる。なお (122)・(123) はこの従属節ではあるけれども、意味上当然過去形が

41

要求されるので、時制の一致というほどのことではない。

(127) *for I lived in the Palace of Sans-Souci* は Sans-Souci でフランス語の「無憂宮」、「という訳は私は無憂宮という宮殿に住んでいた（私は無憂宮に住んでいた）から」である。

(128) *where* は関係副詞で、接続詞の要素と *the Palace of Sans-Souci* を場所として指して副詞の要素を含んでいる。**sorrow** は文法上の主語であり、**is** はこの文法上の主語について真理など常に不変であると思われること（一般的なこと）として述べ、*is not* でこの文法上の主語について真理など常に不変であると思われること（一般的なこと）を否定的に述べている。〈be not allowed to do〉で「……することを許されない」。したがって *where sorrow is not allowed to enter* は *the Palace of Sans-Souci* という場所について連続的に述べて、「そして、この宮殿には悲しみは入ることを許されないのである（この宮殿には悲しみは入ることを許されなくなっている、この宮殿には悲しみは入ってこられないことになっている）」という意味になる。

(129) *In the daytime* は「昼間には（昼間は）」。*I* は文法上の主語であり、**played** はこの文法上の主語について過去のかなりの期間にわたり反復・継続した事実として述べている。〈play with……〉で「……と遊ぶ」なので、*I played with my companions* は「私は私の仲間と遊んでいた（私は仲間と遊んでいた）」となり、*in the garden* は「庭園の中で（庭園で）」。なお次の **led** もその文法上の主語に対して、これと同様な話し手の心の態度（私の心の態度、像の心の態度）を示している。

(130) *and* は「そして」。*in the evening* は「日没から就寝時までには（晩には、晩は）」、*I led the dance* は「私は舞踏の先頭に立っていた」となり、*in the Great Hall* は「大広間の中で（大広間で）」。

(131) *Round the garden* は「庭園の周りには」。*a very lofty wall* が文法上の主語で、*ran a very lofty wall* は「たいへん非常に高い塀が延びていた（たいそう高い城壁が巡らしてあった）」である。

(132)・(133) *but* は「しかし」である。*I* は文法上の主語であり、**(never) cared** はこの文法上の主語について過去のかなりの期間にわたり

第2章　『THE HAPPY PRINCE』の原文を書き手の話し手の心で読む

反復・継続した事実として述べている。never で「いまだかつて……ない、一度も……しない」、〈care to do〉で「……したいと思う」、〈never care to do〉で「いまだかつて……したいと思わない、一度も……したいと思わない」なので、I never cared to ask は「私は一度も尋ねたいと思わなかった（私は訊いてみたいと一度も思わなかった）」となる。what は間接疑問の疑問代名詞で、名詞節を導く接続詞の要素と lay の文法上の主語の要素を含んでいる。(125)・(126)で触れているように lay は時制の一致の制約に従っている。したがって what lay beyond it は「何がその向こう側にあったのかということを（その向こうに何があるのかなど）」となる。

(134) everything about me が文法上の主語で、everything about me was so beautiful は「私の周りの何もかもがそんなに美しかった（私の周りの何もかもがそれは美しかったので）」である。

(135) My courtiers は文法上の主語であり、called はこの文法上の主語について過去のかなりの期間にわたり反復・継続した事実として述べている。〈call＋目的語（人）＋補語〉で「（人）を……と呼ぶ」なので、My courtiers called me the Happy Prince は「私の廷臣たちは私を幸福な王子と呼んでいた（廷臣たちからは幸福な王子と呼ばれていた）」という意味になる。

(136) and は「そして」。happy indeed I was は indeed で「本当に、実際に」、「私は本当に幸福だった」である。

(137) pleasure は文法上の主語であり、be は仮定法の文の帰結節に対して条件節の中で用い、この文法上の主語について現在あるいは未来の不確実なことや弱い疑念を仮定して述べている。if pleasure be happiness は「もし快楽が幸福であるというならば」という意味になる。なお、この構文は古めかしく文語的。

(138) So は「そのように（そんなふうにして）」、I lived は「私は暮らした（私は一生を送った）」。

(139) and は「そして」。so は「そのように（そんなふうに）」、I died は「私は死んだ（私は生涯を閉じた）」。

(140) And は「そして」、now that I am dead は「今や私が死んでいるからには（私が死んでからは）」。

(141)・(142) they は文法上の主語であり、have はこの文法上の主語について現在の事実として述べ、have set でこの文法上の主語について現在（今）までの事実として述べている。〈set up〉で「立てる」なので、they have set me up は「人々は私を立ててしまっている（人々は私を据え付けた）」という意味になり、here は「ここに」、so high は「非常に高く」。I は文法上の主語であり、(12) で触れているように can はこの文法上の主語について（主に）状況からして可能として述べている。my で city に親しみを表している。そこで、that I can see all the ugliness and all the misery of my city は結果を表して「で、私はこの市のすべての醜さとすべての惨めさを見ることができる（で、私はこの町のありとあらゆる醜いものや一切の惨めなものが見える）」となる。

(143) and は「……すると、だから（それで）」である。〈be made of (材料)〉で「(材料)で作られる」。そこで though my heart is made of lead は「私の心臓は鉛で作られているけれども」となる。

(144) yet は though の導く節を強調して「それでも」である。**文語的な慣用句〈cannot choose but do〉で「……せざるをえない」を用いている**ので、I cannot choose but weep は「私は涙を流して泣かざるをえない、と（私は涙を流して泣かずにはおれない、と）」となる。なお〈cannot choose but do〉は〈have no other choice but to do〉と同じ意味で、また other を省いてもよい。

(122)〜(144) の訳

「まだ生きていて、人間の心臓を持っていたときは涙がどういうものであるか私は知らなかったのだよ。それは無憂宮に住んでいたから。この宮殿には悲しみは入ってこられないことになっている。私は昼間は庭園で仲間と一緒に遊び、晩は大広間で舞踏の先頭に立って踊っていた。庭園の周りにはたいそう高い城壁が巡らしてあった。しかし私の周りの何もかもがそれは

第2章　『THE HAPPY PRINCE』の原文を書き手の話し手の心で読む

美しかったので、その向こうに何があるのかなど訊いてみたいと一度も思わなかった。廷臣たちからは幸福な王子様と呼ばれ、快楽が幸福であるというならば、私は本当に幸福だった。そんなふうにして一生を送り、生涯を閉じたんだ。死んでからは私をこんなに高く据え付けたので、この町のありとあらゆる醜いものや一切の惨めなものが見える。それで私の心臓は鉛で作られているけれども、それでも私は涙を流して泣かずにはおれない」と像も言いました。

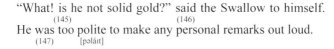

"What! is he not solid gold?" said the Swallow to himself.
　　　(145)　　　　　　　　　　　　(146)
He was too polite to make any personal remarks out loud.
　(147)　　　　　[pəláit]

(145) *What!* は「何だって！」。*he* は文法上の主語であり、*is* はこの文法上の主語について現在の事実として述べ、*is (he) not* でこの文法上の主語について現在の事実を否定的に述べている。*is he not solid gold?* は「彼は中まで同じ物質の金ではないのか？と（王子は金無垢(きんむく)じゃないのか？と）」という意味になる。

(146) *the Swallow* が文法上の主語で、*said the Swallow to himself* は「燕は独り言を言った」である。

(147) *He was too polite* は「彼はあまりにも丁寧だった（燕は礼儀をよくわきまえていた）」、*to make any personal remarks out loud* は「声に出して何か個人的にさしさわりのある批評をするには（人のことをあれこれとおおっぴらに言うには）」。

(145)〜(147) の訳
「何だって！　王子様は金無垢じゃないのか？」と燕は独り言を言いましたが、礼儀をよくわきまえていましたので、人のこと

をあれこれとおおっぴらに言うことはなかったのです。

> "Far away," continued the statue in a low musical voice,
> ⁽¹⁴⁸⁾
> "far away in a little street there is a poor house. One of the
> ⁽¹⁴⁹⁾
> windows is open, and through it I can see a woman seated
> ⁽¹⁵⁰⁾   ⁽¹⁵¹⁾
> at a table. Her face is thin and worn, and she has coarse,
>   ⁽¹⁵²⁾   [wɔ́ːn]   ⁽¹⁵³⁾   [kɔ́ːs]
> red hands, all pricked by the needle, for she is a seamstress.
>   ⁽¹⁵⁴⁾ [sémstrəs]
> She is embroidering passion-flowers on a satin gown for
> ⁽¹⁵⁵⁾   [gáon]
> the loveliest of the Queen's maids-of-honour to wear at the
> next Court-ball. In a bed in the corner of the room her little
> boy is lying ill. He has a fever, and is asking for oranges.
> ⁽¹⁵⁶⁾   [fíːvə]   ⁽¹⁵⁸⁾
> His mother has nothing to give him but river water, so he is
>   ⁽¹⁵⁹⁾   ⁽¹⁶⁰⁾
> crying. Swallow, Swallow, little Swallow, will you not bring
>   ⁽¹⁶¹⁾
> her the ruby out of my sword-hilt? My feet are fastened to
>   ⁽¹⁶²⁾ [fáːs(ə)nd]
> this pedestal and I cannot move."
>   [pédɪstl]   ⁽¹⁶³⁾

　(148) *Far away* は「遠く離れて、と（ずっと向こうに、と）」という意味である。*the statue* が文法上の主語であるので、*continued the statue* は「像が続けた（像が続けていった）」となり、*in a low musical voice* は「低い音楽的な声で（低い音楽のような声で）」。

　(149) *far away in a little street* は「遠く離れて小さな通りの中に（ずっと向こうの小さな通りに）」である。(17)で触れているように *there* は形の上の主語で、*a poor house* が実際の主語である。*is* は実質的にはこの実際の主語の現在の事実として述べているので、*there is a poor house* は「みすぼらしい家がある」となる。

　(150) (*One of the windows is open*)

　(151) *and* は「だから（それで）」である。*through it* は「それを通し

第 2 章　『THE HAPPY PRINCE』の原文を書き手の話し手の心で読む

て（その窓ごしに）」。*I* は文法上の主語であり、(12) で触れているように *can* はこの文法上の主語について（主に）状況からして可能として述べている。〈seat at……〉で「……に向かって着席させる」、〈be seated at……〉で「……に向かって着席する」。したがって *I can see a woman seated at a table* は *seated at a table* が *a woman* を修飾して、「私は女性が仕事台に向かって着席しているのを見ることができる（私には女性が仕事台に向かって座っているのが見える）」となる。

(152)（*Her face is thin and worn*）

(153) *and* は「そして」。*she has coarse, red hands* は「,」（コンマ）が *coarse* と *red* とを併置していることを表し、「彼女にはきめの荒い赤い両手がある（彼女の両手は赤く荒れている）」である。*all pricked by the needle* は「すっかり針で突き刺されて（針の刺し傷が一面についている）」。

(154)（*for she is a seamstress*）

(155) *She* は文法上の主語であり、*is* はこの文法上の主語について現在の事実として述べ、*is embroidering* でこの文法上の主語について現在、進行・継続している事実として述べている。*She is embroidering passion-flowers* は「彼女は時計草を刺繍している（女性は時計草の模様を縫い取りしている）」、*on a satin gown* は「繻子の夜会服の上に（繻子の夜会服に）」という意味になる。*for the loveliest of the Queen's maids-of-honour* と *to wear at the next Court-ball* は主語と述語の関係にある。*maids-of-honour* で「女官たち」。したがって、*for the loveliest of the Queen's maids-of-honour to wear at the next Court-ball* は *a satin gown* を修飾して「王妃の女官たちの中で一番きれいな人が次の宮中舞踏会で着るための（繻子の夜会服）」となる。

(156) *In a bed in the corner of the room* は「部屋の隅にある寝台の中に（部屋の片隅の寝台でくるまるように）」。〈lie ill〉で状態を表して「病気で寝ている」であるが、「今寝ている」ことを強調するために敢えて *is lying* を用いているので、*her little boy is lying ill* は「彼女の小さな男の子がまさに今病気で寝ている（小さな男の子が今病気で寝ている）」と

47

なる。

（157）・（158）*He* は文法上の主語であり、*has*、*is* はそれぞれこの文法上の主語について現在の事実として述べ、*is asking* でこの文法上の主語について現在、進行・継続している事実として述べている。〈have a fever〉で「熱がある」なので、*He has a fever* は「彼には熱がある」という意味になり、〈ask for……〉で「……を求める」なので、*and is asking for oranges* は「だからオレンジを求めている（それでオレンジを欲しがっている）」となる。

（159）*His mother has nothing* は目的語に否定語を用いて意味上否定を表し、「彼の母親にはものが何もない（母親にはものが何もない）」であり、*to give him but river water* は *nothing* を修飾して「川の水のほかに彼にあげるための（川の水しか男の子にあげるための）、（ものが何もない）」。

（160）*so* は「それで」である。*he* は文法上の主語であり、*is* はこの文法上の主語について現在の事実として述べ、*is crying* でこの文法上の主語について現在、進行・継続している事実として述べている。*he is crying* は「彼は声をあげて泣いている」となる。

（161）*Swallow, Swallow, little Swallow* は「燕よ、燕よ、かわいい燕よ」。（68）で触れているように *you* は文法上の主語であり、*will* はこの文法上の主語について依頼・勧誘として述べ、*will (you) not* でこの文法上の主語について *will* よりも強い依頼・勧誘として述べている。〈bring＋目的語（人）＋目的語（もの）〉で「（人）に（もの）を持ってくる」なので、*will you not bring her the ruby out of my sword-hilt?* は「あなたは彼女に私の剣の柄からルビーを持ってきてくれないか？（あなたは母親に私の剣の柄から取ってルビーを持っていってくれないか？、あなたは私の剣の柄からルビーを取って母親に持っていってくれないか？）」となる。

（162）〈be fastened to……〉で「……にしっかり留められる、……にくくりつけられる」なので、*My feet are fastened to this pedestal* は「私の両足はこの台座にしっかり留められている（私の両足はこの台座にしっかりと据えられている）」となる。

第 2 章　『THE HAPPY PRINCE』の原文を書き手の話し手の心で読む

(163) and は「だから（それで）」である。**I** は文法上の主語であり、**cannot** はこの文法上の主語について状況からして不可能として述べているので、*I cannot move* は「私は動くことができない、と（私は動けない、と）」となる。

(148)〜(163) の訳
「ずっと向こうに、ずっと向こうの小さな通りにみすぼらしい家があり、窓が一つ開いていて、その窓越しに女性が仕事台に向かって座っているのが見えるのだよ。顔はやせてやつれ、両手は赤く荒れて、針の刺し傷が一面についている。女性はお針子なのだ。今度の宮中舞踏会で王妃様の女官の中で一番きれいな人が着る繻子の夜会服に時計草の模様を縫い取りしている。部屋の片隅の寝台でくるまるように小さな男の子が今病気で寝ているが、熱があり、オレンジを欲しがっている。母親にはあげるものが川の水しかない。それで男の子は泣き叫んでいる。燕よ、燕よ、かわいい燕よ、私の剣の柄からルビーを取って母親に持っていってくれないかね？　私の両足はこの台座にしっかりと据えられていて、動けない」と、像は低い音楽のような声で言いました。

"I am waited for in Egypt," said the Swallow. "My friends
　　　　　　　(164)　　　　　　　　　　　(165)
are flying up and down the Nile, and talking to the large
(166)　　　　　　　　　　　　[náil]
lotus flowers. Soon they will go to sleep in the tomb of the
[lóutəs fláuəz]　　　　(167)　　　　　　　　　　　　[túːm]
great King. The King is there himself in his painted coffin.
　　　　　　　　　　　　　　　　　　　　　　　　　(168)
He is wrapped in yellow linen, and embalmed with spices.
　　　(169)　[ræpt]　　　[línɪn]　　[ɪmbáːmd]　　[spáɪsəz]
Round his neck is a chain of pale green jade, and his hands
　　　　　　　　　　　　　　　　　　(170)
are like withered leaves."
(171)　　　　[wíðəd]

49

(164) *I* は文法上の主語であり、（私、燕は実際にはエジプトにいないので）*am* はこの文法上の主語について現在の事実（と思われること）として述べている。〈wait for……〉で「……を待つ」、〈be waited for〉で「待たれる」なので、*I am waited for* は「私は待たれている（私を待ってくれている）」という意味になり、*in Egypt* は「エジプトで、と」。

(165) (*said the Swallow*)

(166) ***My friends*** は文法上の主語であり、（燕は実際にはエジプトにいないので）*are* はこの文法上の主語について現在の事実（と思われること）として述べ、*are flying*、(*and*) *talking* でそれぞれこの文法上の主語について現在、進行・継続している事実（と思われること）として述べている。*My friends are flying* は「私の友達は飛んでいる」、*up and down the Nile* は「ナイル河をあちこち」、*and talking to the large lotus-flowers* は「そして大きな蓮の花と話をして（そして大きな蓮の花と話をしている）」という意味になる。

(167) *Soon* は「まもなく」。*they* は文法上の主語であり、(68) で触れているように *will* はこの文法上の主語について（単に）未来を推量して述べている。*they will go to sleep* は「彼らは寝つくだろう（友達は眠りにつくことだろう）」、*in the tomb of the great King* は「偉大な王の墓の中で（偉大な王の墓で）」となる。

(168) ***The King*** は文法上の主語であり、*is* はこの文法上の主語について現在の事実（と思われること）として述べている。*The King is there himself* は「王は彼自身そこにいる」、*in his painted coffin* は「彼の彩りをした柩の中に（美しく彩った柩の中に）」という意味になる。なお以下の *is*、*is*、*are* もそれぞれの文法上の主語に対して、これと同様な話し手の心の態度（燕の心の態度）を示している。

(169) 〈be wrapped in……〉で「……に包まれる」なので、*He is wrapped in yellow linen* は「彼は黄色い麻布に包まれている」となり、*and embalmed with spices* は「そして香料で防腐保存されて（そして香料で防腐保存されている、そして香料で保たれている）」。

(170) *Round his neck* は「彼の首の周りには」。*a chain of pale green jade*

第2章 『THE HAPPY PRINCE』の原文を書き手の話し手の心で読む

が文法上の主語で、*is a chain of pale green jade* は「薄い緑色の硬玉の鎖がある（薄緑色の硬玉の鎖がかけられている）」となる。

（171）*and* は「そして」。*his hands are like withered leaves* は *like withered leaves* で「枯れた葉のような（枯葉のような）」、「彼の両手は枯葉のようだ」となる。

（164）〜（171）の訳
「エジプトで私を待ってくれているのです。友達はナイル河をあちこち飛び回ったり、大きな蓮の花と話をしたりしていて、まもなく偉大な王様のお墓で眠りにつくことでしょう。王様ご自身もそこで美しく彩った柩の中におられ、黄色い麻布に包まれて香料で保たれているのです。お首の周りには薄緑色の硬玉の鎖がかけられて、お手は枯葉のようであられるのです」と燕は言いました。

"Swallow, Swallow, little Swallow," said the Prince, "will
                                            (172)   (173)
you not stay with me for one night, and be my messenger?
The boy is so thirsty, and the mother so sad."
       (174)

（172）（*"Swallow, Swallow, little Swallow," said the Prince*）
（173）（161）で述べているように *you* は文法上の主語であり、*will (you) not* はこの文法上の主語について *will* よりも強い依頼・勧誘として述べている。*will you not stay* は「あなたはいてくれないか」、*with me* は「私と一緒に（私のところに）」、*for one night* は「日没から日の出までで特に暗い間（一晩の間、一晩）」、*and be my messenger?* は「そして私の使者になる？（そして私の使者になってくれないか？、そして私の使いをしてくれないか？）」という意味になる。

(174) *The boy is so thirsty* は「男の子は非常にのどが渇いている（男の子はたいそうのどが渇いている）」。**the mother** の後に **is** を省いているので、*and the mother so sad* は「だから母親はそんなに悲しんで（いる）と、（それで母親もあんなに悲しんでいる、と）」となる。

　(172)～(174) の訳
　「燕よ、燕よ、かわいい燕よ、一晩私のところにいて、お使いをしてくれないかね？　男の子はたいそうのどが渇いていて、それで母親もあんなに悲しんでいる」と王子様は言いました。

> "I don't think I like boys," answered the Swallow. "Last
> (175)　　　(176)　　　　　　　　　　　　　　(177)
> summer, when I was staying on the river, there were two
> 　　　　　　　　(178)　　　　　　　　　　　(179)
> rude boys, the miller's sons, who were always throwing
> 　　　　　　　　　　　　　　　　(180)
> stones at me. They never hit me, of course; we swallows fly
> 　　　　　　　　　　(181)　　　　　　　　　　　　(182)
> far too well for that, and besides, I come of a family famous
> 　　　　　　　　　　　　　　　　(183)　　　　　　　[féɪməs]
> for its agility; but still, it was a mark of disrespect."
> 　　　　　　　　　　(184)

　(175)・(176) 主節の *I* は文法上の主語であり、***don't*** はこの文法上の主語について現在の事実を否定的に述べているので、*I don't think* は「私は思わない」という意味になる。従属節の *I* も文法上の主語で、***like*** はこの文法上の主語について現在の事実として述べているので、*I like boys* は「私が男の子たち（男の子）が好きであるとは、と」となる。
　(177) (*answered the Swallow*)
　(178) *Last summer* は「最近の夏」という意味であり、今は秋なので「今年の夏（この夏）」ということになる。*I* は文法上の主語であり、***was*** はこの文法上の主語について過去の事実として述べ、***was staying*** でこの文法上の主語について過去に進行・継続していた事実として述べて

第２章　『THE HAPPY PRINCE』の原文を書き手の話し手の心で読む

いる。そこで when I was staying は「私がいたとき」、on the river は「川に接して（川辺に、川のほとりに）」となる。

　(179) (17) で触れているように there は形の上の主語である。two rude boys の後の「, 」（コンマ）は two rude boys と the miller's sons とが同格であることを表しているので、two rude boys, the miller's sons が実際の主語である。were は実質的にはこの実際の主語の過去の事実として述べているので、there were two rude boys, the miller's sons は「二人の乱暴な少年、粉屋の息子たちがいた（二人の悪童、粉挽(こなひ)きの息子がいた）」という意味になる。

　(180) who は関係代名詞で、接続詞の要素と two rude boys, the miller's sons を指して were の文法上の主語の要素を含んでいる。were はこの文法上の主語について過去のかなりの期間（この夏の間）にわたる事実として述べ、were (always) throwing でこの文法上の主語について過去のかなりの期間（この夏の間）にわたり進行・継続していた事実として述べ、were always throwing でこの文法上の主語について過去のかなりの期間（この夏の間）にわたり進行・継続していた事実が繰り返されていたことを強調している。〈throw ＋目的語（もの）＋ at……〉で「……に向かって（もの）を投げつける」。したがって、who were always throwing stones at me は two rude boys, the miller's sons について連続的に述べて、「そしてこの子たちはいつでも私に向かって石を投げつけていた（そしてこの子たちはしょっちゅう私に石を投げてきた）」という意味になる。

　(181) They は文法上の主語であり、(never) hit はこの文法上の主語について過去のかなりの期間（この夏の間）にわたり反復・継続した事実として述べている。never で「いまだかつて……ない、一度も……しない」なので、They never hit me は「それらは一度も私に命中しなかった（石は私に当たったことなどなかった）」という意味になり、of course は「もちろん」。

　(182) we は文法上の主語であり、swallows は we と同格であるので、we swallows で文法上の主語である。fly はこの文法上の主語について現

在の反復的なこと・習慣・習性として述べているので、*we swallows fly* は「私たち燕は飛ぶ」という意味になり、*far too well for that* は *far* で *too well* の意味を強めて、「それに対してたいへんあまりにも上手に（そんな目に遭わないようにとてもとてもうまく）」。

（183）*and besides* は「それにまた（それに）」という意味である。**come** は現在形で現在完了を表し、過去に起こったことの結果が現在に及んでいるとき、その現在の状態に重点を置いて述べている。〈come of ……〉で「……の出身である」なので、*I come of a family* は「私は家柄の出身である（私は家柄の出である）」となり、*famous for its agility* は *a family* を修飾して「その軽快さで名高い（家柄）」。

（184）*but* は「でも」、*still* は「それでもやはり（それにしても）」、*it was a mark of disrespect* は「それは無礼の印だった（そんなことは失礼じゃないか）」。

(175)〜(184) の訳
「私はどうも男の子が好きではないのです。この夏、川のほとりにいたとき、二人の悪童、粉挽きの息子がいて、しょっちゅう私に石を投げてきたんです。もちろん、当たったことなどありませんでしたがね。私たち燕はとてもとてもうまく飛びますから。それに私は俊敏なことで名高い家柄の出なんですよ。でもそれにしても、そんなことは失礼じゃありませんか」と燕も言いました。

But the Happy Prince looked so sad that the little Swallow
　　　　　　　　　　　　　　　(185)
was sorry. "It is very cold here," he said; "but I will stay with
(186)　　　　(187)　　　　　　　　　(188)　　　　(189)
you for one night, and be your messenger."

(185)・(186) *But* は「しかし、だが、けれども」という意味である。*the Happy Prince looked so sad* は「幸福な王子は顔つきが非常に悲しそうだった（幸福な王子はたいそう悲しそうな顔をしていた）」であり、*that the little Swallow was sorry* は結果を表して「で、小さな燕は気の毒に思った」である。

(187) *It* がその場の天候・寒暖を表して文法上の主語で、*It is very cold* は「天候・寒暖はたいへん寒い」であり、*here* は「ここでは、と（ここは、と）」。

(188) *he said* は「彼（燕）が言った」。

(189) *but* は「でも」である。*I* は文法上の主語であり、(68)で触れているように *will* はこの文法上の主語の意志として述べている。*I will stay* は「私はいるとしよう（私はいよう）」、*with you* は「あなたと一緒に（あなたのところに）」、*for one night* は「一晩の間（一晩）」、*and be your messenger* は「そして、あなたの使者になる、と（そして、あなたの使者になるとしよう、と、そしてあなたの使いをしよう、と）」となる。

(185)〜(189)の訳
しかし幸福な王子様がたいそう悲しそうな顔をしていましたものですから、小さな燕は気の毒に思いました。「ここはたいへん寒いです。でも一晩あなたのところにいて、お使いをしましょう」と燕は言いました。

"Thank you, little Swallow," said the Prince.
　　　　　(190)　　　　　　　　　　(191)

(190) *Thank* の文法上の主語は *I* であるが、特に形式張った場合以外は付けないのが普通である。*Thank* は文法上の主語について現在の事

実として述べているので、*Thank you* は「あなたに感謝する（ありがとう）」という意味になり、*little Swallow* は「かわいい燕よ、と」。
(191)（*said the Prince*）

(190)〜(191) の訳
「かわいい燕よ、ありがとう」と王子様は言いました。

So the Swallow picked out the great ruby from the Prince's
　　　　　　　　　　　　　　　　　　　(192)
sword, and flew away with it in his beak over the roofs of the
　　　　　(193)
town.

(192)・(193) *So* は「そこで、それで」という意味である。*the Swallow picked out the great ruby* は「燕は大きなルビーを抜き出した」、*from the Prince's sword* は「王子の剣から」。*and flew away* は「そして飛び去った（そして飛んでいった）」、*with it in his beak* は「彼の嘴（くちばし）の中にそれを持って（それを嘴にくわえて）」、*over the roofs of the town* は「町の屋根の上方に（町の家々の屋根の上を）」。

(192)〜(193) の訳
そこで燕は王子様の剣から大きなルビーを抜き出し、嘴にくわえて町の家々の屋根の上を飛んでいきました。

He passed by the cathedral tower, where the white marble
　　　　　　　(194)
angels were sculptured. He passed by the palace and heard
　　(195)　　[skʌ́lptʃəd]　(196)　　　　　　　　　　(197)
the sound of dancing. A beautiful girl came out on the balco-
　　　　　　　　　　　　　(198)　　　　　　　　[bǽlkəni]

> ny with her lover. "How wonderful the stars are," he said to
> her, "and how wonderful is the power of love!"
> (199)　　　　　(200)
> 　　　　　　　　　　　(201)

　(194)〈pass by……〉で「……のそばを通り過ぎる」なので、*He passed by the cathedral tower* は「彼（燕）は聖堂の塔のそばを通り過ぎた」という意味になる。

　(195) *where* は関係副詞で、接続詞の要素と、この場合は *the cathedral* を場所として指して副詞の要素を含んでいる。〈be sculptured〉で「彫刻される」。したがって、*where the white marble angels were sculptured* は *the cathedral* という場所について連続的に述べて、「すると、その聖堂には白い大理石の天使たちが彫刻されていた（すると、その聖堂には白い大理石の天使の彫刻があった）」となる。

　(196)・(197) *He passed by the palace* は「彼は宮殿のそばを通り過ぎた」、*and heard the sound of dancing* は「すると舞踏の音が聞こえた」。

　(198) *A beautiful girl came out* は「美しい娘が出てきた」、*on the balcony* は「露台の上に（露台に）」、*with her lover* は「彼女の恋人と一緒に（恋人と一緒に）」。

　(199) *the stars* が文法上の主語で、*How wonderful the stars are* は「星はなんと素晴らしいのだろう、と（なんて素晴らしい星なんだろう、と）」である。

　(200)（*he said to her*）

　(201) *and* は「そして（それに）」。*the power of love* が文法上の主語で、*how wonderful is the power of love!* は「恋の力はなんと素晴らしいのだろう！と（恋の力ってなんて素晴らしいんだ！と）」である。なお (199) が文法上の主語・定形動詞の順であるのに対し、ここでは逆で定形動詞・文法上の主語の順で、どちらかといえば口語調。

　(194)〜(201) の訳
　燕が聖堂の塔のそばを通りますと、白い大理石の天使の彫刻が

ありました。今度は宮殿のそばを通りますと、舞踏の音が聞こえてきました。美しい娘が恋人と一緒に露台に出てきますと、「なんて素晴らしい星なんだろう！　恋の力ってなんて素晴らしいんだ！」と恋人は娘に言いました。

"I hope my dress will be ready in time for the State-ball,"
(202)　　　(203)
she answered; "I have ordered passion-flowers to be embroi-
　　　　　　(204)　　　(205)
dered on it; but the seamstresses are so lazy."
　　　　　　　　　　[sémstrəsəs]　(206)　[léɪzi]

（202）・（203） *I hope* は「私は望む」という意味である。***my dress*** は文法上の主語であり、（68）で触れているように *will* はこの文法上の主語について未来を推量して述べている。*my dress will be ready* は「私の衣装が準備できるだろうことを（私の衣装が準備できることを）」、*in time for the State-ball* は「宮中舞踏会に間に合って、と」となる。

（204） *she answered* は「彼女が答えた（娘も言った）」。

（205） ***I*** は文法上の主語であり、*have* はこの文法上の主語について現在の事実として述べ、***have ordered*** でこの文法上の主語について現在（今）までの事実として述べている。*I have ordered passion-flowers to be embroidered on it* は「私は時計草がその上に刺繍されるように注文してある（私はそれに時計草の模様を縫い取るようにと言っておいた）」という意味になる。なおアメリカ英語では to be が省かれる。

（206） *but* は「でも」、*the seamstresses are so lazy* は「お針子たちが非常に怠惰だ、と（お針子たちがとても怠け者なんだ、と）」。

（202）〜（206）の訳
「私の衣装が宮中舞踏会に間に合うといいんですけれど。時計草の模様を縫い取るようにと言っておきましたの。でもお針子

第2章　『THE HAPPY PRINCE』の原文を書き手の話し手の心で読む

たちがとても怠け者なんですのよ」と娘も言いました。

> He passed over the river, and saw the lanterns hanging to the
> (207)　　　　　　　　　(208)　　　[læntənz]
> masts of the ships. He passed over the Ghetto, and saw the
> (209)　　　　　　　　　　　　　　[gétoʊ]　　　　(210)
> old Jews bargaining with each other, and weighing out mon-
> 　　[dʒúːz]　[báːɡənɪŋ]　　　　　　　　　[wéɪŋ]
> ey in copper scales. At last he came to the poor house and
> 　　　　　　　　　　　　　　　　　　(211)
> looked in. The boy was tossing feverishly on his bed, and the
> (212)　　　　　　　(213)　　　[fíːv(ə)rɪʃli]
> mother had fallen asleep, she was so tired. In he hopped, and
> (214)　　　　　　　(215)　　　　　　　　　　　(216)
> laid the great ruby on the table beside the woman's thimble.
> (217)
> Then he flew gently round the bed, fanning the boy's fore-
> (218)　　　　　　　　　　　　　[fǽnɪŋ]　　　　　　　[fɔ́rɪd]
> head with his wings. "How cool I feel!" said the boy, "I must
> 　　　　　　　　　　　(219)　　　(220)　　　　　　　(221)
> be getting better;" and he sank into a delicious slumber.
> 　　　　　　　　　　　　　　(222)

（207）・（208）*He passed over the river* は「彼は川の上方を通っていった（燕は川の上を飛んでいった）」という意味である。*and saw the lanterns hanging to the masts of the ships* は *hanging to the masts of the ships* が *the lanterns* を修飾して、「するとカンテラが船の帆柱にぶら下がっているのが見えた」である。

（209）・（210）*He passed over the Ghetto* は「彼はユダヤ人町の上方を通っていった（燕はユダヤ人町の上を飛んでいった）」。*and saw the old Jews bargaining with each other, and weighing out money in copper scales* は *bargaining with each other, and weighing out money in copper scales* が *the old Jews* を修飾して、〈weigh out〉で「量り分ける」、「すると、年取ったユダヤ人たちが互いに駆け引きしている、そして銅の秤皿の中で貨幣を量り分けているのが見えた（すると、年取ったユダヤ人たちが互いに駆け引きしては銅の秤皿で貨幣を量り分けているのが目に入った）」である。

59

(211)・(212) *At last* は「とうとう」、*he came to the poor house* は「彼はみすぼらしい家までやって来た（燕はみすぼらしい家にたどり着いた）」。〈look in〉で「中をちょっと覗（のぞ）く」なので、*and looked in* は「そして中をちょっと覗いた（そして中を覗き込んだ）」となる。

(213) *The boy* は文法上の主語であり、*was* はこの文法上の主語について過去の事実として述べ、*was tossing* でこの文法上の主語について過去に進行・継続していた事実として述べている。*The boy was tossing* は「男の子は転げ回っていた（男の子は寝返りを打っていた）」、*feverishly* は「熱に浮かされて」、*on his bed* は「彼の寝台の上で（寝台で）」という意味になる。

(214) *and* は「そして」である。*the mother* は文法上の主語であり、*had* はこの文法上の主語について過去の事実として述べ、*had fallen* でこの文法上の主語について過去（男の子が寝返りを打っていたとき）までの事実として述べている。〈fall asleep〉で「寝てしまう」なので、*the mother had fallen asleep* は「母親は寝てしまっていた」となる。

(215) (35) と同様に *was* も過去完了の代わりに使われている。*she was so tired* は「彼女はそれほど疲れていた」という意味である。

(216)・(217) *In he hopped* は *In* が文法上の主語の前に出て強調されて、「彼（燕）はぴょんと中に跳んだ」である。*and laid the great ruby* は「そして大きなルビーを置いた」、*on the table* は「仕事台の上に」、*beside the woman's thimble* は「女性の指貫（ゆびぬき）のそばに（母親の指貫の横に）」。

(218) *Then* は「それから」、*he flew gently round the bed* は「彼は静かに寝台を回って飛んだ（燕はそっと寝台の周りを飛び回った）」。*fanning the boy's forehead with his wings* は「彼の翼で男の子の額（あお）を扇ぎながら（彼は彼の翼で男の子の額を扇ぎながら、燕は翼で男の子の額を扇ぎながら）」。

(219) *How cool I feel!* は「僕はなんと涼しい感じがしているのだろう！と（僕はなんと涼しいのだろう！と、ああ、涼しい！と）」。

(220) (*said the boy*)

(221) (105) で述べているように *must* は主語の義務や話し手の強制を表すが、当然の推定なども表す。*I* は文法上の主語であり、*must* は

第2章　『THE HAPPY PRINCE』の原文を書き手の話し手の心で読む

この文法上の主語について当然の推定として述べているので、*I must be getting better* は「僕はよりよくなってきているにちがいない、と（僕はきっとよくなってきているんだ、と）」という意味になる。

（222）*and* は「……して（こう言って）」、*he sank into a delicious slumber* は「彼は快い眠りに陥った（男の子は気持ちよさそうにぐっすり寝入った）」。

　　（207）～（222）の訳
　　燕が川の上を飛んでいきますと、カンテラが船の帆柱にぶら下がっているのが目に入り、ユダヤ人町の上を飛んでいきますと、年取ったユダヤ人たちが互いに駆け引きしては銅の秤皿で貨幣を量り分けているのが目に入りました。とうとうみすぼらしい家にたどり着き、中を覗き込みました。男の子は熱に浮かされて寝台で寝返りを打っていまして、母親は疲れて寝てしまっていました。燕はぴょんと跳び、大きなルビーを仕事台の上の母親の指貫の横に置きますと、そっと寝台の周りを飛び回り、男の子の額を翼で扇いであげました。「ああ、涼しい！　僕はきっとよくなってきているんだ」と男の子は言い、気持ちよさそうにぐっすり寝入りました。

Then the Swallow flew back to the Happy Prince, and told him what he had done. "It is curious," he remarked, "but I feel quite warm now, although it is so cold."
(223)　(224)　(225)　(226)　(227)　(228)　(229)

（223）・（224）・（225）*Then* は「それから、その後で（そこで）」、*the Swallow flew back* は「燕は飛んでかえった」、*to the Happy Prince* は「幸福な王子のところへ」という意味である。〈tell ＋目的語（人）＋目的

61

語〉で「(人)に……を話す」なので、*and told him* は「そして彼(王子)に話した」となる。*what* は先行詞を兼ねた関係代名詞であるので、*told* のもう一つの目的語の要素と接続詞の要素と *had done* の目的語の要素を含んでいる。*he* は文法上の主語であり、*had* はこの文法上の主語について過去の事実として述べ、*had done* でこの文法上の主語について過去(燕が飛んでかえって王子に話したとき)までの事実として述べている。したがって *what he had done* は「彼がしてきていたもののことを(燕がしてきたことを、自分がしてきたことを)」となる。なお関係代名詞 *what* は人を指すのではなく、常に物あるいは事を指す。

(226) *It* が *I feel* 以下の文意を指して文法上の主語で、*It is curious* は「奇妙だ、と」である。

(227) *he remarked* は「彼が所見を述べた(燕が心境を語った)」。

(228) *but* は「でも」。*I feel quite warm* は「私はすっかり温かい感じがする(私は体がぽかぽかしている)」、*now* は「今では(今は)」。

(229) *it* がその場の天候・寒暖を表して文法上の主語である。そこで *although it is so cold* は「天候・寒暖は非常に寒いのだけれども、と(季節はたいそう寒いのに、と)」となる。

(223)〜(229) の訳

そこで燕は幸福な王子様のもとへ飛んでかえり、自分がしてきたことを話しました。「季節はたいそう寒いのに、でも体がぽかぽかしているなんて奇妙です」と心境を語りました。

> "That is because you have done a good action," said the
> (230)　　　　　　　(231)　　　　　　　　　　　　　(232)
> Prince. And the little Swallow began to think, and then he
> 　　　　　　　　　　　　　　　　(233)
> fell asleep. Thinking always made him sleepy.
> (234)　　　　　　　　　　(235)

(230)・(231) *That is*……は「それは……である」という意味である。*you* は文法上の主語であり、*have* はこの文法上の主語について現在の事実として述べ、*have done* でこの文法上の主語について現在（今）までの事実として述べている。そこで *because you have done a good action* は「あなたがよい行いをしてきているから、と（あなたがよいことをしたから、と）」となる。

(232) (*said the Prince*)

(233) *And* は「……すると、だから（そこで）」、*the little Swallow began to think* は「小さな燕は考え始めた」。

(234) *and then* は「そしてそれから（やがて）」、*he fell asleep* は「彼は寝てしまった」。

(235) *Thinking* は文法上の主語であり、(*always*) *made* はこの文法上の主語について過去のかなりの期間にわたり反復・継続した事実として述べ、*always made* でこの文法上の主語について過去のかなりの期間にわたり反復・継続した事実を強調している。〈make ＋目的語＋補語〉で「……を……にする」なので、*Thinking always made him sleepy* は「考えることはいつでも彼を眠くした（考えごとをすると燕はいつも眠くなった）」という意味になる。

(230)～(235) の訳
「それはあなたがよいことをしたからだよ」と王子様は言いました。そこで小さな燕は考え始めましたが、やがて寝てしまいました。考えごとをするといつも眠くなるのでした。

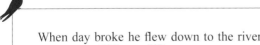

When day broke he flew down to the river and had a bath.
　　　　　　(236)　　　(237)　　　　　　　　　(238)
"What a remarkable phenomenon," said the Professor of
　　　　[rimáːkəbl]　[fənɔ́mənən]　(239)　[prəfésə]
Ornithology as he was passing over the bridge. "A swallow
[ɔːnəθɔ́lədʒi]　　(240)
in winter!" And he wrote a long letter about it to the local
　　　　　　　　　　　(242)

63

> newspaper. Every one quoted it, it was full of so many words
> (243) [kwóutəd]   (244)
> that they could not understand.
>   (245)

(236) *When day broke* は「日が起こったとき（夜が明けたとき、夜が明けると）」という意味になる。

(237)・(238) *he flew down* は「彼（燕）は飛んでいった」、*to the river* は「川へ」。〈have a bath〉で「入浴する」なので、*and had a bath* は「そして入浴した（そして水浴びをした）」となる。

(239) *What a remarkable phenomenon* は「なんと注目すべき現象だろう、と（実に珍しい現象だ、と）」。*said the Professor of Ornithology* は「鳥類学の教授は言った」。

(240) *he* は文法上の主語であり、*was* はこの文法上の主語について過去の事実として述べ、*was passing* でこの文法上の主語について過去に進行・継続していた事実として述べている。そこで *as he was passing over the bridge* は「彼が橋を渡っていたとき」という意味になる。

(241) *A swallow in winter!* は「冬に燕！（冬に燕とは！）」。

(242) *And* は「……すると、だから（そこで）」。〈write a letter to……〉で「……に手紙を書く」なので、*he wrote a long letter about it to the local newspaper* は「彼は地元の新聞にそれについて長い手紙を書いた（教授はこれに関して長い手紙を地元の新聞に寄せた）」となる。

(243) *Every one quoted it* は「誰もがそれ（手紙、その記事）を引き合いに出した」。

(244)・(245) *it was full of so many words* は「それはそのように多くの言葉でいっぱいだった（それにはそのような多くの言葉がいっぱいあった）」。*they* は単数扱いの代名詞 *Every one* を複数扱いの代名詞で受けて「人々」である。そこで *that they could not understand* は「人々が理解できなかったということになるように（人々にはなんのことかわからないような）」となる。

第 2 章 『THE HAPPY PRINCE』の原文を書き手の話し手の心で読む

(236)〜(245) の訳
夜が明けますと、燕は川へ飛んでいき、水浴びをしました。「実に珍しい現象だ！　冬に燕とは！」と鳥類学の教授は橋を渡りながら言いました。そこで教授はこれに関して長い手紙を地元の新聞に寄せました。誰もがその記事を引き合いに出しましたが、それには人々にはなんのことかわからないような言葉がいっぱいあったのでした。

"To-night I go to Egypt," said the Swallow, and he was
　　　(246)　　　　　　　　　(247)　　　　　　　　　(248)
in high spirits at the prospect. He visited all the public
　　　　　　　　　[prɔ́spekt]　　　　　　　(249)
monuments, and sat a long time on top of the church steeple.
[mɔ́njəmənts]　　(250)
Wherever he went the Sparrows chirruped, and said to each
　　　　　　　　　(251)　　[spǽrooz]　(252) [tʃírəpt]　(253)
other, "What a distinguished stranger!" so he enjoyed him-
　　　　　　　　　[dɪstíŋ(g)wɪʃt]　　　　　　　　(254)
self very much.

(246) *To-night* は古い綴りで「今夜には（今夜は、今夜）」という意味。*I* は文法上の主語であり、*go* はこの文法上の主語について確定的な未来のこととして述べているので、*I go* は「私は確かに行くだろう（私は行く、私は行くんだ）」となり、*to Egypt* は「エジプトへ、と」。

(247) (*said the Swallow*)

(248) *and* は「そして」。*he was in high spirits* は「彼は上機嫌の中にいた（燕は大元気だった）」。*at the prospect* は「見通しにおいて（前途を考えて）」。

(249)・(250) *He visited all the public monuments* は「彼はすべての公の記念碑を訪れた（燕は公の記念碑をすっかり見物した）」。*and sat a long time on top of the church steeple* は *a long time* で「長い間」、「そして長い間、教会の尖塔のてっぺんに止まっていた（そして長いこと教会の尖塔

65

のてっぺんに止まっていた)」である。

(251) *Wherever he went* は「彼が行ったところはどこでも(彼がどこへ行っても、燕がどこへ行っても)」。

(252)・(253) *the Sparrows chirruped* は *Sparrows* が大文字で始まり擬人化されて、「雀たちがちゅっちゅっと囀(さえず)った」であり、*and said to each other* は「そして互いに言った」。*What a distinguished stranger!* は「なんと顕著な客だろう！と(なんて立派な客だ！と)」。

(254) *so* は「それで」。〈enjoy oneself〉で「楽しむ、楽しく過ごす」なので、*he enjoyed himself* は「彼は楽しんだ(燕はいい気持ちになった)」となり、*very much* は「たいへん大いに(たいそう)」。

(246)～(254)の訳
「今夜、エジプトへ行くんだ」と燕は言い、前途を考えて大元気でした。そして公の記念碑をすっかり見物し、長いこと教会の尖塔のてっぺんに止まっていました。どこへ行きましても、雀たちがちゅっちゅっと囀り、「なんて立派なお客様なんだ！」と互いに言いましたので、燕はたいそういい気持ちになりました。

When the moon rose he flew back to the Happy Prince. "Have you any commissions for Egypt?" he cried; "I am just starting."

(255) *When the moon rose* は「月が昇ったとき(月が昇ると、月が出ると)」という意味である。

(256) *he flew back* は「彼(燕)は飛んでかえった」、*to the Happy Prince* は「幸福な王子のところへ」。

第2章 『THE HAPPY PRINCE』の原文を書き手の話し手の心で読む

(257) *you* は文法上の主語であり、*Have* はこの文法上の主語について現在の事実として述べているので、*Have you any commissions for Egypt?* は「あなたはエジプトに向けて何か依頼ごとがあるか？ と（あなたはエジプトに何か用はないか？ と）」という意味になる。なお、Have you ……? という文はイギリス英語で特定なことを表す場合に用いられる。

(258) *he cried* は「彼（燕）が叫んだ」。

(259)「往来、発着などの動詞の進行形現在は「近い将来に起ころうとする」ことをあらわすことがある。」(『新自修英文典［増訂新版］』同前) *am (just) starting* は *I* について「近い将来に起ころうとする」ことを表している。*I am just starting* は「私はちょうど出発するところだ、と（私は今出かける、と）」という意味になる。

(255)〜(259)の訳

月が出ますと、燕は幸福な王子様のもとへ飛んでかえり、「あなたはエジプトに何かご用はありませんか？ 私は今出かけます」と叫びました。

"Swallow, Swallow, little Swallow," said the Prince, "will you not stay with me one night longer?"
(260)　　　　　　　　　　　　　　　　　(261)

(260) (*"Swallow, Swallow, little Swallow," said the Prince*)

(261) **(161)** で述べているように *you* は文法上の主語であり、*will (you) not* はこの文法上の主語について *will* よりも強い依頼・勧誘として述べている。*will you not stay* は「あなたはいてくれないか」、*with me* は「私と一緒に（私のところに）」、*one night longer?* は「もう一晩長く？ と（もう一晩？ と）」という意味になる。

67

(260)〜(261) の訳

「燕よ、燕よ、かわいい燕よ、もう一晩私のところにいてくれないかね？」と王子様は言いました。

"I am waited for in Egypt," answered the Swallow. "To-mor-
(262)　　　　　　　　　　　　　　　(263)
row my friends will fly up to the Second Cataract. The
　　　　　　　　　(264)　　　　　　　　　　　　　　　[kǽtərækt]
river-horse couches there among the bulrushes, and on a
　　(265) [káʊtʃəz]　　　　　　　　　　　　[bʊ́lrʌ̀ʃəz]
great granite throne sits the God Memnon. All night long he
　　　[grǽnɪt]　　　　(266)　　　　[mémnɔn]
watches the stars, and when the morning star shines he utters
(267)　　　　　　　　　　　　　　　(268)　　　(269) [ʌ́təz]
one cry of joy, and then he is silent. At noon the yellow lions
　　　　　　　　　　　　　(270)
come down to the water's edge to drink. They have eyes
(271)　　　　　　　　　　　　　　　　　　(272)
like green beryls, and their roar is louder than the roar of the
　　　　　　[bérəlz]　　　　(273)
cataract."

(262) (164) で述べているように *I am waited for* は「私は待たれている（私を待ってくれている）」、*in Egypt* は「エジプトで、と」という意味である。

(263) (*answered the Swallow*)

(264) *To-morrow* は古い綴りで「明日には（明日は、明日）」である。***my friends*** は文法上の主語であり、(68) で触れているように *will* はこの文法上の主語について（単に）未来を推量して述べている。〈fly up to ……〉で「……のすぐそばまで飛んでいく」なので、*my friends will fly up to the Second Cataract* は「私の友達は第二瀑布のすぐそばまで飛んでいくだろう（友達は第二瀑布のところまで飛んでいくことだろう）」となる。

(265) ***The river-horse*** は文法上の主語であり、***couches*** はこの文法上の主語について現在の事実（と思われること）あるいは現在の反復的なこ

と・習慣・習性として述べている。*The river-horse couches* は「河馬が横たわっている（河馬が休んでいる）」、*there* は「そこで」、*among the bulrushes* は「パピルス（葦）の間で」という意味になる。なお、ここからは第二瀑布の現在の様子を燕が話している。**なお次の *sits* もその文法上の主語に対して、これと同様な話し手の心の態度（燕の心の態度）を示している。**

(266) *and* は「そして」である。*on a great granite throne* は「大きな花崗岩(かこうがん)の王座には」。*the God Memnon* が文法上の主語で、*sits the God Memnon* は「メムノン神が座っている」となる。

(267) *All night long* は「一晩じゅう」。*he* は文法上の主語であり、*watches* はこの文法上の主語について現在の反復的なこと・習慣・習性として述べている。*he watches the stars* は「彼は星を注意して見守っている」という意味になる。

(268) *and* は「そして」である。**(269) の主節の動詞 *utters* が直説法・現在時制を示し、それに対する時を表す副詞節の中で直説法・現在時制を示す動詞 *shines* が使われている。***when the morning star shines* は「明けの明星が輝くとき（明けの明星が輝くと）」である。

(269) *he* は文法上の主語であり、*utters* はこの文法上の主語について現在の反復的なこと・習慣・習性として述べている。*he utters one cry of joy* は「彼は喜びの一声を発する（メムノン神は歓喜の叫びを一声あげる）」という意味になる。

(270) *and then* は「そしてそれから（すると）」である。*he* は文法上の主語であり、*is* は（文脈から）この文法上の主語について現在の反復的なこと・習慣・習性として述べている（と思われる）。*he is silent* は「彼は声を出さない（メムノン神は黙(だま)ってしまう）」という意味になる。

(271) *At noon* は「正午には（昼には）」。*the yellow lions* は文法上の主語であり、*come* はこの文法上の主語について現在の反復的なこと・習慣・習性として述べている。〈*come down*〉で「下りてくる」なので、*the yellow lions come down* は「黄色い獅子(しし)たちが下りてくる」という意味になり、*to the water's edge* は「水際まで」、*to drink* は「飲むために

（水を飲みに）」。

（272）*They* は文法上の主語であり、*have* はこの文法上の主語について現在の事実（と思われること）として述べている。*They have eyes* は「彼らには目がある（獅子たちは目をしている）」という意味になり、*like green beryls* は *eyes* を修飾して「緑色の緑柱石のような（目）」。なお次の *is* もその文法上の主語に対して、これと同様な話し手の心の態度（燕の心の態度）を示している。

（273）*and* は「そして」。*their roar is louder* は「彼らの吠え声はより大きい」となり、*than the roar of the cataract* は「瀑布の轟きより」。

(262)～(273) の訳

「エジプトで私を待ってくれているのです。明日、友達は第二瀑布のところまで飛んでいくことでしょう。そこでは河馬が葦の間で休んでいます。大きな花崗岩の王座にはメムノン神様がお座りになって、一晩じゅう星を見守っておられるのです。明けの明星が輝くと、この神様は歓喜の叫びを一声あげて、黙ってしまわれます。昼には黄色い獅子たちが水を飲みに水際まで下りてきます。獅子たちは緑色の緑柱石のような目をしていて、その咆哮は瀑布の轟音よりも大きいのです」と燕も言いました。

"Swallow, Swallow, little Swallow," said the Prince, "far
(274)
away across the city I see a young man in a garret. He is
(275)   [gǽrət]   (276)
leaning over a desk covered with papers, and in a tumbler
by his side there is a bunch of withered violets. His hair is
(277)   (278)
brown and crisp, and his lips are red as a pomegranate, and
(279)   [pɔ́mɪgrænət]
he has large and dreamy eyes. He is trying to finish a play
(280)   (281)
for the Director of the Theatre, but he is too cold to write any
[θíətə]   (282)

more. There is no fire in the grate, and hunger has made him faint."(283)　　　　　　　　　　　　　(284)

(274)（"Swallow, Swallow, little Swallow," said the Prince）

(275) *far away across the city* は「遠く離れて市を横切って（市を横切って遠く離れて、町のずっと向こうに）」、*I see a young man in a garret* は「私には屋根裏部屋に若者が見える」という意味である。

(276) *He* は文法上の主語であり、*is* はこの文法上の主語について現在の事実として述べ、*is leaning* でこの文法上の主語について現在、進行・継続している事実として述べている。*He is leaning over a desk* は「彼は机から身を乗り出している（若者は机に覆いかぶさっている）」という意味になり、*covered with papers* は *a desk* を修飾して「書類で覆われた（書類で埋まった）、（机）」。

(277) *and* は「そして」である。*in a tumbler by his side* は「彼のそばの大コップの中には（傍らの大コップには）」。(17)で触れているように *there* は形の上の主語で、*a bunch of withered violets* が実際の主語である。*is* は実質的にはこの実際の主語の現在の事実として述べているので、*there is a bunch of withered violets* は「凋んだ菫の束がある（凋んだ菫の束が挿してある）」となる。

(278)（*His hair is brown and crisp*）

(279) *and* は「そして」。*his lips are red* は「彼の唇は赤い」であり、*as a pomegranate* は *red* を修飾して「石榴のように（赤い）」。

(280) *and* は「そして」、*he has large and dreamy eyes* は「彼には大きなそして夢見るような両目がある（若者は大きな夢見るような目をしている）」。

(281) *He* は文法上の主語であり、*is* はこの文法上の主語について現在の事実として述べ、*is trying* でこの文法上の主語について現在、進行・継続している事実として述べている。〈try to do〉で「……しようとする」なので、*He is trying to finish a play* は「彼は戯曲を書き終えようと

している（若者は戯曲を書き上げようとしている）」という意味になり、*for the Director of the Theatre* は「劇場の監督のために」。

（282）*but* は「しかし」。*he is too cold* は「彼はあまりにも冷えている（若者は体が冷え切っている）」、*to write any more* は「少しでもより多く書くには（それ以上多く書くには）」。

（283）***There*** は形の上の主語で、***no fire*** が実際の主語であり、***is*** は実質的にはこの実際の主語の現在の事実として述べている。*There is no fire* は実際の主語に否定語を用いて意味上否定を表し、「何も火がない（火の気もない）」という意味になり、*in the grate* は「火床の中には（火床には）」。

（284）*and* は「そして」である。***hunger*** は文法上の主語であり、***has*** はこの文法上の主語について現在の事実として述べ、***has made*** でこの文法上の主語について現在（今）までの事実として述べている。*hunger has made him faint* は「飢えが彼を気が遠くならせてしまっている、と（飢えのために若者は気が遠くなってしまった、と、ひもじさで若者は気が遠くなっている、と）」となる。

(274)〜(284) の訳
「燕よ、燕よ、かわいい燕よ、私には町のずっと向こうの屋根裏部屋に若者が見えるのだよ。若者は書類で埋まった机に覆いかぶさっていて、傍らの大コップには凋んだ菫の束が挿してある。髪は茶色で縮れて、唇は石榴のように赤く、大きな夢見るような目をしている。若者は劇場の監督のために戯曲を書き上げようとしているが、体が冷え切っていて、もうそれ以上書けない。火床には火の気もなく、ひもじさで気が遠くなっている」と王子様は言いました。

第2章 『THE HAPPY PRINCE』の原文を書き手の話し手の心で読む

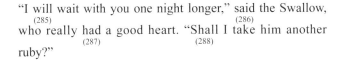

"I will wait with you one night longer," said the Swallow,
(285)   (286)
who really had a good heart. "Shall I take him another
     (287)   (288)
ruby?"

　(285) *I* は文法上の主語であり、(68)で触れているように *will* はこの文法上の主語の意志として述べている。*I will wait* は「私は待つとしよう（私は用をしよう）」、*with you* は「あなたと一緒に（あなたのところで）」、*one night longer* は「もう一晩長く、と（もう一晩、と）」という意味になる。

　(286) (*said the Swallow*)

　(287) *who* が関係代名詞で、接続詞の要素と *the Swallow* を指して *had* の文法上の主語の要素を含んでいる。*who really had a good heart* は *the Swallow* について連続的に述べて、「という訳は本当にこの燕は親切な心を持っていた（この燕はそれはそれは優しい心の持ち主だった）から」である。

　(288) *I* は文法上の主語であり、(40)で触れているように *Shall* はこの文法上の主語について話し手の意志（私の意志、燕の意志）として述べている。〈take＋目的語（人）＋目的語（もの）〉で「（人）に（もの）を持っていく」なので、*Shall I take him another ruby?* は自分の意志を相手に問うことによって相手の意向を尋ねて「私が彼にもう一つのルビーを持っていくようにしようか？（私は若者のところへもう一つルビーを持っていこうか？）」という意味になる。

　(285)～(288) の訳
「もう一晩あなたのご用をしましょう。もう一つルビーを若者のところへ持っていきましょうか？」と燕は言いました。それはそれは優しい心の持ち主でありましたから。

"Alas! I have no ruby now," said the Prince; "my eyes are all
                    (289)   (290)   (291)
that I have left. They are made of rare sapphires, which were
           (292)   (293)   (294)
brought out of India a thousand years ago. Pluck out one of
                                                               (295)
them and take it to him. He will sell it to the jeweller, and
     (296)   (297)   [dʒúːələ]
buy food and firewood, and finish his play."

(289) *Alas!* は悲嘆などを表して「悲しいかな！」。*I have no ruby* は目的語に否定語を用いて意味上否定を表し、「私には何もルビーがない」という意味であり、*now* は「今ではもう、と（もう、と）」。

(290) (*said the Prince*)

(291) (*my eyes are all*)

(292) *that* は関係代名詞で、接続詞の要素と *all* を指して *have left* の目的語の要素を含んでいる。*I* は文法上の主語であり、*have* はこの文法上の主語について現在の事実として述べ、*have left* でこの文法上の主語について現在（今）までの事実として述べている。したがって、*that I have left* は *all* を修飾して、「私はこのすべてを残してあるが（私はこの両目を残してあるが、この目は私に残っているが）」という意味になる。なお all を修飾する場合には関係代名詞は that が使われる。

(293) *They are made of rare sapphires* は「それらは珍しいサファイアで作られている（この目は珍しいサファイアでできている）」。

(294) *which* は関係代名詞で、接続詞の要素と *rare sapphires* を指して *were brought* の文法上の主語の要素を含んでいる。〈be brought〉で「持ってこられる」。したがって、*which were brought* 以下は *rare sapphires* について連続的に述べて、「そして、これらのサファイアは持ってこられた（このサファイアは持ってきたものだが）」、*out of India* は「インドから」、*a thousand years ago* は「今より千年前に（千年も昔に）」となる。

(295)・(296) 命令文では、文法上の主語が you である場合は消去され

第2章　『THE HAPPY PRINCE』の原文を書き手の話し手の心で読む

るが、そうでない場合は消去されない。この場合も文法上の主語は **you** であるので消去され、*Pluck*、*take* はそれぞれ文法上の主語について命令・要請・懇願として述べている。*Pluck out one of them* は「それらの一つをぐいと引き抜いてくれ（この一つをつっつき出しておくれ）」、*and take it* は「そして、それを持っていってくれ（そして持っていっておくれ）」、*to him* は「彼に（若者のところへ）」という意味になる。

（297）**He** は文法上の主語であり、(68) で触れているように *will* はこの文法上の主語について未来を推量して述べている。*He will sell it* は「彼はそれを売るだろう（若者はこれを売るだろう）」、*to the jeweller* は「宝石商に」、*and buy food and firewood* は「そして食物と薪(たきぎ)を買う（そして食物と薪を買うだろう）」、*and finish his play* は「そして彼の戯曲を書き終える、と（そして彼の戯曲を書き終えるだろう、と、そして戯曲を書き上げるだろう、と）」という意味になる。

　　(289)～(297) の訳
　　「悲しいかな！　私にはもうルビーはないのだよ。この両目が私に残っているすべてなのだ。これは珍しいサファイアでできていて、千年も昔にインドから持ってきたものなんだ。この一つをつっつき出して、若者のところへ持っていっておくれ。若者は宝石商にこれを売って、食物と薪を買い、戯曲を書き上げるだろう」と王子様は言いました。

"Dear Prince," said the Swallow, "I cannot do that"; and he
　　　　　　(298)　　　　　　　　　　　　　　(299)
began to weep.
　(300)

(298) （*"Dear Prince," said the Swallow*）
(299) ***I*** は文法上の主語であり、(12) で触れているように *cannot* はこ

の文法上の主語について状況からして不可能として述べている。*I cannot do that* は「私はそれをすることができない、と（そればかりはできない、と）」という意味になる。

（300）*and* は「……して（こう言って）」、*he began to weep* は「彼は涙を流して泣き出した」。

　（298）〜（300）の訳
「王子様、そればかりはできません」と燕は言い、涙を流して泣き出しました。

"Swallow, Swallow, little Swallow," said the Prince, "do as I command you."
(303)　　　　　　　　　　　　　　　　　　(301)　　　　　　(302)

（301）(*Swallow, Swallow, little Swallow," said the Prince*)

（302）・（303）（295）・（296）で触れているように、この場合も文法上の主語は *you* であるので消去され、*do* は文法上の主語について命令・要請・懇願として述べている。*do* は「してくれ（しておくれ）」という意味になる。*I* は文法上の主語であり、*command* はこの文法上の主語について（（295）・（296）を言ったことを）現在の事実として（捉えて）述べている。そこで *as I command you* は「私があなたに命令しているように、と（私があなたに（295）・（296）を言っているように、と、私の言いつけどおりに、と）」となる。

　（301）〜（303）の訳
「燕よ、燕よ、かわいい燕よ、私の言いつけどおりにしておくれ」と王子様は言いました。

第2章　『THE HAPPY PRINCE』の原文を書き手の話し手の心で読む

> So the Swallow plucked out the Prince's eye, and flew away
> (304)   (305)
> to the student's garret. It was easy enough to get in, as there
>   (306)
> was a hole in the roof. Through this he darted, and came into
> (307)   (308)   (309)
> the room. The young man had his head buried in his hands,
>   (310)   [bérid]
> so he did not hear the flutter of the bird's wings, and when
> (311)
> he looked up he found the beautiful sapphire lying on the
>   (312)   (313)
> withered violets.

　(304)・(305) *So* は「そこで、それで」という意味である。*the Swallow plucked out the Prince's eye* は「燕は王子の片方の目をぐいと引き抜いた（燕は王子の片方の目をつつき出した）」、*and flew away* は「そして飛び去った（そして飛んでいった）」、*to the student's garret* は「学生の屋根裏部屋へ」。

　(306) *It* が *to get in* を代表して文法上の主語である。*It was easy enough* は *enough* が *easy* を修飾して、「十分に簡単だった（何の造作もなかった）」であり、*to get in* は〈get in〉で「中に入る」、「中に入ることは（入るには）」となる。

　(307) **(17)**で触れているように *there* は形の上の主語で、*a hole* が実際の主語である。*was* は実質的にはこの実際の主語の過去の事実として述べている。そこで *as there was a hole* は「穴があったので（穴があいていたので）」、*in the roof* は「屋根の中に（屋根に）」という意味になる。

　(308)・(309) *Through this* は「これを通って（その穴から）」、*he darted* は「彼は投げ矢のようになって飛んでいった」。〈come into……〉で「……に入る」なので、*and came into the room* は「そして部屋に入った」となる。

　(310) 〈have＋目的語＋過去分詞〉で「……を……してしまう」なので、*The young man had his head buried in his hands* は「若者は彼の頭を彼の両手の中に埋めてしまっていた（若者は両手で頭を抱えていた）」と

77

なる。

(311) *so* は「それで」である。*he* は文法上の主語であり、*did* はこの文法上の主語について過去の事実として述べ、*did not* でこの文法上の主語について過去の事実を否定的に述べている。*he did not hear the flutter of the bird's wings* は「彼には鳥の翼のはためきが聞こえなかった（若者には鳥の羽ばたきが耳に入らなかった）」となる。

(312) *and* は「それから（ふと）」、*when he looked up* は「彼が見上げたとき（彼が見上げると、若者が顔を上げると）」。

(313) *he found the beautiful sapphire lying on the withered violets* は *lying on the withered violets* が *the beautiful sapphire* を修飾して、「彼は美しいサファイアが凋んだ菫の上にあるのをふと見つけた（若者は美しいサファイアが凋んだ菫の上に載っているのに気付いた）」となる。

(304)〜(313) の訳
そこで燕は王子様の片方の目をつつき出し、学生の屋根裏部屋へ飛んでいきました。屋根には穴があいていましたので、入るには何の造作もありませんでした。その穴から矢のようになり飛んでいき、部屋に入りました。若者は両手で頭を抱えていましたから、鳥の羽ばたきが耳に入りませんでしたが、ふと顔を上げますと、美しいサファイアが凋んだ菫の上に載っているのに気付きました。

"I am beginning to be appreciated," he cried; "this is from
　　　　　　　(314)　　　　　[əpríːʃièitəd]　　(315)　　(316)
some great admirer. Now I can finish my play," and he
　　　　　[ədmáiərə]　　　　　(317)
looked quite happy.
　(318)

(314) *I* は文法上の主語であり、*am* はこの文法上の主語について現在

第 2 章　『THE HAPPY PRINCE』の原文を書き手の話し手の心で読む

の事実として述べ、*am beginning* でこの文法上の主語について現在、進行・継続している事実として述べている。〈begin to be done〉で「……（ら）れ始める、……（ら）れ出す」なので、*I am beginning to be appreciated* は「僕は真価を認められ始めている、と（いよいよ僕も世間に認められてきたのだ、と）」という意味になる。

(315) *he cried* は「彼が叫んだ（若者が大声で言った）」。

(316) *this is from some great admirer* は「これはある大いなる崇拝者からなのだ（これは誰か僕を大いに崇拝してくれる人からの贈物(おくりもの)なんだ）」。

(317) *Now* は「さあ」。*I* は文法上の主語であり、(12) で触れているように *can* はこの文法上の主語について（主に）状況からして可能として述べている。*I can finish my play* は「僕は僕の戯曲を書き終えることができる、と（僕は戯曲を書き上げることができる、と）」という意味になる。

(318) *and* は「……して（こう大声で言って）」、*he looked quite happy* は「彼は顔つきがまったく幸福そうだった（若者はまったく幸せそうな顔をした）」。

　　(314)〜(318) の訳
　　「いよいよ僕も世間に認められてきたのだ。これは誰か僕を大いに崇拝してくれる人からの贈物なんだ。さあ、戯曲を書き上げることができるぞ」と若者は大声で言い、まったく幸せそうな顔をしました。

The next day the Swallow flew down to the harbour. He sat
　　　　　　　　　　　(319)　　　　　　　　　　　　(320)
on the mast of a large vessel and watched the sailors hauling
　　　　　　　　　　　　(321)
big chests out of the hold with ropes. "Heave a-hoy!" they
　　　　　　　　　　　　　　　　　　[hɔ́ːlɪŋ]
shouted as each chest came up. "I am going to Egypt!" cried
　　　　　　　　　　　　　　　　(322) [híːv əhɔ́i]
　(323)　　　　　(324)　　　(325)　　　　　　　(326)

the Swallow, but nobody minded, and when the moon rose he flew back to the Happy Prince.
(327)   (328)
(329)

　(319) *The next day* は「翌日には（翌日は、翌日）」、*the Swallow flew down* は「燕は飛んでいった」、*to the harbour* は「港へ」という意味である。

　(320)・(321) *He sat on the mast of a large vessel* は「彼は大きな船の帆柱に止まっていた」。*and watched the sailors hauling big chests out of the hold with ropes* は *hauling big chests out of the hold with ropes* が *the sailors* を修飾して「そして水夫たちが綱で船艙(せんそう)から大きな箱を引き上げているのをじっと見ていた（そして水夫たちが綱で船艙から大きな箱を引き上げているのを眺めていた）」である。

　(322) *Heave a-hoy!* は〈Heave a hoyden!〉「おてんば娘を持ち上げろ！」が転じて、水夫が綱を引くかけ声になり、「よいとまけ、ホーイ！と」である。

　(323) *they shouted* は「彼らは大声で叫んだ」。

　(324)〈come up〉で「上(のぼ)る」。そこで *as each chest came up* は「めいめいの箱が上ってきたとたんに（箱が一つずつ上ってくるたびに）」となる。

　(325) **(259)** で触れているように *am going* は *I* について「近い将来に起ころうとする」ことを表している。*I am going* は「私は行く」、*to Egypt!* は「エジプトへ！と」という意味になる。

　(326)（*cried the Swallow*）

　(327) *but* は「しかし」。*nobody minded* は文法上の主語に否定語を用いて意味上否定を表し、「誰も気にしなかった（誰も気に留めなかった）」である。

　(328) *and* は「……すると、だから（そこで）」、*when the moon rose* は「月が昇ったとき（月が昇ると、月が出ると）」。

　(329) *he flew back* は「彼（燕）は飛んでかえった」、*to the Happy Prince* は「幸福な王子のところへ」。

第2章 『THE HAPPY PRINCE』の原文を書き手の話し手の心で読む

(319)〜(329) の訳
翌日、燕は港へ飛んでいき、大きな船の帆柱に止まり、水夫たちが大きな箱を船艙から綱で引き上げているのを眺めていました。「よいとまけ、ホーイ！」と箱が一つずつ上ってきますたびに水夫たちは大声で叫びました。「私はエジプトへ行くんだ！」と燕も叫びましたが、しかし誰も気に留めませんでした。そこで月が出ますと、幸福な王子様のもとへ飛んでかえりました。

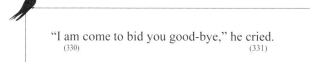

"I am come to bid you good-bye," he cried.
(330) (331)

(330) 運動または変化を表す自動詞 go、come、rise、fall、set、grow などは〈have ＋過去分詞〉の形のほかに〈be ＋過去分詞〉で完了形を作ることがある。*I* は文法上の主語であり、*am* はこの文法上の主語について現在の事実として述べ、*am come* でこの文法上の主語について現在（今）までの事実を動作の結果としての状態として述べている。*I am come* は「私は来てしまっている（私は来ている、私は来た）」という意味になり、*to bid you good-bye* は〈bid ＋目的語（人）＋目的語〉で「(人) に (あいさつ・別れなど) を述べる、告げる」、「あなたに別れを告げるために、と」である。

(331) *he cried* は「彼（燕）は叫んだ」。

(330)〜(331) の訳
「お別れのあいさつに来ました」と燕は叫びました。

> "Swallow, Swallow, little Swallow," said the Prince, "will you not stay with me one night longer?"
> (332) (333)

(332)("*Swallow, Swallow, little Swallow," said the Prince*)

(333) (261) で述べているように *will you not stay* は「あなたはいてくれないか」、*with me* は「私と一緒に（私のところに）」、*one night longer?* は「もう一晩長く？と（もう一晩だけ？と）」という意味である。

(332)〜(333) の訳
「燕よ、燕よ、かわいい燕よ、もう一晩だけ私のところにいてくれないかね？」と王子様は言いました。

> "It is winter," answered the Swallow, "and the chill snow
> (334) (335)
> will soon be here. In Egypt the sun is warm on the green
> (336) (337)
> palm-trees, and the crocodiles lie in the mud and look lazily
> [pɑ́ːm triːz] [krɔ́kədàɪlz] (338) [mʌ́d] (339)
> about them. My companions are building a nest in the Tem-
> (340)
> ple of Baalbec, and the pink and white doves are watching
> [bɑ́ːlbek] (341)
> them, and cooing to each other. Dear Prince, I must leave
> (342)
> you, but I will never forget you, and next spring I will bring
> (343) (344)
> you back two beautiful jewels in place of those you have
> (345)
> given away. The ruby shall be redder than a red rose, and the
> (346)
> sapphire shall be as blue as the great sea."
> (347)

(334) *It* がその場の天候・寒暖を表して文法上の主語であるので、*It is winter* は「天候・寒暖（季節）は冬だ、と、もう冬だ、と」という意味

第2章 『THE HAPPY PRINCE』の原文を書き手の話し手の心で読む

になる。

(335) (answered the Swallow)

(336) and は「そして」である。the chill snow は文法上の主語であり、(68)で触れているように will はこの文法上の主語について（単に）未来を推量して述べている。the chill snow will soon be は「冷たい雪がまもなくあるだろう（冷たい雪がまもなく降ってくるだろう、冷たい雪がまもなく降ってくる）」、here は「ここに」となる。

(337) In Egypt は「エジプトでは」。the sun は文法上の主語であり、(実際には燕はエジプトにいないので) is はこの文法上の主語について現在の事実（と思われること）として述べている。the sun is warm は「太陽が暖かい（太陽が暖かく照っている）」、on the green palm-trees は「緑の椰子の木の上に」となる。なお次の lie、look もその文法上の主語に対して、これと同様な話し手の心の態度（燕の心の態度）を示している。

(338)・(339) and は「そして」。the crocodiles lie は「鰐は横になっている（鰐は腹這いになっている）」、in the mud は「泥の中に」となり、〈look about……〉で「……の辺りを見回す」なので、and look lazily about them は「そしてものうげに彼らの辺りを見回している（そしてものうげに身辺を見回している）」となる。

(340) My companions は文法上の主語であり、are はこの文法上の主語について現在の事実（と思われること）として述べ、are building でこの文法上の主語について現在、進行・継続している事実（と思われること）として述べている。My companions are building a nest は「私の仲間は巣を作っている」、in the Temple of Baalbec は「バールベックの神殿の中に（バールベックの神殿に）」という意味になる。なお次の are watching、(and) cooing もその文法上の主語に対して、これと同様な話し手の心の態度（燕の心の態度）を示している。

(341) and は「そして」。the pink and white doves are watching them は「桃色と白色の鳩は彼らを注意して見守っている（桃色と白のぶちの鳩は私の仲間を見守っている）」、and cooing to each other は「そして互い

83

にくうくう鳴いて（そして互いにくうくう鳴いている、そしてくうくう鳴きかわしている）」となる。

(342) *Dear Prince* は「親愛なる王子（王子様）」。*I* は文法上の主語であり、(105)で触れているように *must* はこの文法上の主語の義務として述べている。*I must leave you* は「私はあなたを置いていかなければならない（私はあなたのもとを離れなければならない）」となる。

(343) *but* は「でも」である。*I* は文法上の主語であり、(68)で触れているように *will* はこの文法上の主語の意志として述べている。*never* で *not* よりも強く否定して「決して……ない」なので、*I will never forget you* は「私は決してあなたを忘れるつもりはない（私は決してあなたのことは忘れない）」となる。

(344) *and* は「そして」である。*next spring* は「来春には（来春は、来春、今度の春）」。*I* は文法上の主語であり、*will* はこの文法上の主語について（主に）未来を推量して述べている。〈bring back〉で「持ち帰る」なので、*I will bring you back two beautiful jewels* は「私はあなたに二つの美しい宝石を持ち帰るだろう（私はあなたに美しい宝石を二つ持ってくることにしましょう）」となり、*in place of those* は「それらの代わりに」。

(345) *you* の前に関係代名詞（目的格）が省かれている。*you* は文法上の主語であり、*have* はこの文法上の主語について現在の事実として述べ、*have given* でこの文法上の主語について現在（今）までの事実として述べている。〈give away〉で「ただで与える」。したがって、*you have given away* は *those* を修飾して「あなたが（それらを）ただで与えてしまっている（が、あなたがただで与えてしまった、あなたがあげてしまった）」という意味になる。

(346) *The ruby* は文法上の主語であり、(40)で触れているように *shall* はこの文法上の主語について話し手の意志（燕の意志）として述べている。*The ruby shall be redder* は「ルビーがより赤いようにしよう（ルビーはより赤いのにしよう）」、*than a red rose* は「赤い薔薇より」という意味になる。なお次の *shall* もその文法上の主語に対して、これと同様な

第2章　『THE HAPPY PRINCE』の原文を書き手の話し手の心で読む

話し手の心の態度（燕の心の態度）を示している。

（347）and は「そして」。the sapphire shall be as blue は「サファイアが同じくらい青いようにしよう（サファイアは同じくらい青いのにしよう）」となり、as the great sea は「大海と同じく、と（大海原と同じく、と）」。

(334)〜(347) の訳
「もう冬ですよ、冷たい雪がまもなく降ってきます。エジプトでは太陽が緑の椰子の木の上に暖かく照っていて、鰐は泥の中に腹這いになって、ものうげに身辺を見回しています。私の仲間はバールベックの神殿に巣を作っていて、桃色と白のぶちの鳩は仲間を見守って、くうくう鳴きかわしています。王子様、私はあなたのもとを離れなければなりません。でも決してあなたのことは忘れません。今度の春、あなたがあげてしまったものの代わりに美しい宝石を二つ持ってくることにしましょう。ルビーは赤い薔薇よりも赤いのに、サファイアは大海原のように青いのにしましょう」と燕も言いました。

"In the square below," said the Happy Prince, "there stands
[skwéə] (348)　　　　　　　　　　　　(349)
a little match-girl. She has let her matches fall in the gutter,
(350)
and they are all spoiled. Her father will beat her if she does
(351)　　　　(352)　　　　　　　　(353)
not bring home some money, and she is crying. She has no
(354)　　　　　　　　　　　　　(355)
shoes or stockings, and her little head is bare. Pluck out my
(356)　　(357)
other eye and give it to her, and her father will not beat her."
(358)　　　　　　　　　　(359)

（348）In the square below は below が the square を修飾して、「下の四角い広場の中に、と（下の広場に、と）」という意味である。the Happy

Prince が文法上の主語であるので、*said the Happy Prince* は「幸福な王子が言った」となる。

(349) (17) で触れているように *there* は形の上の主語で、*a little match-girl* が実際の主語であり、*stands* は実質的にはこの実際の主語の現在の事実として述べている。*there stands a little match-girl* は「小さなマッチ売りの女の子が立っている」という意味になる。

(350) *She* は文法上の主語であり、*has* はこの文法上の主語について現在の事実として述べ、*has let* でこの文法上の主語について現在（今）までの事実として述べている。let で「させる」、fall で「落ちる」、〈let ＋ 目的語 ＋ fall〉で「……を落とす」なので、*She has let her matches fall* は「彼女は彼女のマッチを落としてしまっている（女の子はマッチを落としてしまった）」という意味になり、*in the gutter* は「溝の中に（溝に）」。

(351) *and* は「……すると、だから（それで）」である。*they* は文法上の主語であり、(330) で触れているように *are* はこの文法上の主語について現在の事実として述べ、*are (all) spoiled* でこの文法上の主語について現在（今）までの事実を動作の結果としての状態として述べている。*they are all spoiled* は「それらはみんな駄目になってしまっている（マッチはみんな駄目になってしまった）」となる。

(352) *Her father* は文法上の主語であり、(68) で触れているように *will* はこの文法上の主語について（単に）未来を推量して述べている。*Her father will beat her* は「彼女の父親は彼女を叩くだろう（父親は女の子をぶつだろう、女の子は父親にぶたれるのだろう）」という意味になる。

(353) (352) の主節が未来を表して、条件を表す副詞節の中で直説法・現在時制を示す動詞 *does* が使われている。「時や条件の副詞節で現在時制が使われる現象に対する伝統的な英文法の考え方は，「主節の内容が未来を表しているから，誤解のない限り副詞節にまで未来を表す will を使う必要はない」という簡単な理屈に基づいている。」（『英文法解説 — 改訂三版 —』同前）*if she does not bring home some money* は「も

し彼女が自宅にいくらかのお金を持ってこないならば（女の子が少しでもお金を持ってかえらないと）」という意味になる。

（354）and は「……すると、だから（それで）」である。she は文法上の主語であり、is はこの文法上の主語について現在の事実として述べ、is crying でこの文法上の主語について現在、進行・継続している事実として述べている。she is crying は「彼女は声をあげて泣いている」となる。

（355）She has no shoes or stockings は目的語に否定語を用いて意味上否定を表し、「彼女には靴も靴下もない（女の子は靴も靴下もはいていない）」である。

（356）and は「そして」、her little head is bare は「彼女の小さな頭はむきだしだ（女の子は小さな頭に何も被っていない）」。

（357）・（358）（295）・（296）で触れているように、この場合も文法上の主語は you であるので消去され、Pluck、give はそれぞれ文法上の主語について命令・要請・懇願として述べている。Pluck out my other eye は「私のもう片方の目をぐいと引き抜いてくれ（私のもう片方の目をつっつき出しておくれ）」、and give it は「そして、それを与えてくれ（そしてこれをやっておくれ）」、to her は「彼女（あの子）に」という意味になる。

（359）and は命令文の後なので「もしそうすれば（そうすれば）」である。her father は文法上の主語であり、will はこの文法上の主語について未来を推量して述べ、will not でこの文法上の主語について未来を否定的に推量して述べている。her father will not beat her は「彼女の父親は彼女を叩かないだろう、と（父親はあの子を叩かないだろう、と、あの子は父親にぶたれずにすむだろう、と）」となる。

(348)〜(359) の訳
「下の広場に小さなマッチ売りの女の子が立っているのだよ。女の子はマッチを溝に落としてしまい、マッチはみんな駄目になってしまった。少しでもお金を持ってかえらないと、父親に

ぶたれるのだろう。それで泣いている。女の子は靴も靴下もはいていないで、小さな頭には何も被っていない。私のもう片方の目をつっつき出して、あの子にやっておくれ。そうすれば父親にぶたれずにすむだろう」と幸福な王子様は言いました。

"I will stay with you one night longer," said the Swallow,
(360)   (361)
"but I cannot pluck out your eye. You would be quite blind
        (362)   (363)
then."

(360) *I* は文法上の主語であり、(68)で触れているように *will* はこの文法上の主語の意志として述べている。*I will stay* は「私はいるとしよう」、*with you* は「あなたと一緒に（あなたのところに）」、*one night longer* は「もう一晩長く、と（もう一晩だけ、と）」という意味になる。

(361) (*said the Swallow*)

(362) *but* は「でも」である。*I* は文法上の主語であり、(12)で触れているように *cannot* はこの文法上の主語について状況からして不可能として述べている。*I cannot pluck out your eye* は「私はあなたの目をぐいと引き抜くことができない（私はあなたのもう片方の目をつっつき出すことができない、もう片方の目をつっつき出すなんてことは私にはできない）」となる。

(363) *You* は文法上の主語である。*would* は仮定法の文の条件節に対して、帰結節の中で文法上の主語が二人称あるいは三人称の場合に使い、この文法上の主語の意志に無関係であり、この文法上の主語について未来の仮定として述べている。*You would be quite blind* は「あなたはまったく目が見えなくなるだろう（あなたはまったく目が見えなくなる）」、*then* は「条件の意味を含んでそのときには、と（そんなことをしようものなら、と）」という意味になる。

第2章　『THE HAPPY PRINCE』の原文を書き手の話し手の心で読む

(360)～(363) の訳
「もう一晩だけ、あなたのところにいましょう。でも、もう片方の目をつっつき出すなんてことは私にはできません。そんなことをしようものなら、あなたはまったく目が見えなくおなりですよ」と燕は言いました。

"Swallow, Swallow, little Swallow," said the Prince, "do as I
　　　　　　　　　　　　　　　　　(364)　　　　　　(365)
command you."
　(366)

(364)（"Swallow, Swallow, little Swallow," said the Prince）
(365)・(366) (302)・(303) で述べているように do は「してくれ（しておくれ）」、as I command you は「私があなたに命令しているように、と（私があなたに (357)・(358) を言っているように、と、私の言いつけどおりに、と）」という意味である。

(364)～(366) の訳
「燕よ、燕よ、かわいい燕よ、私の言いつけどおりにしておくれ」と王子様は言いました。

So he plucked out the Prince's other eye, and darted down
　　　(367)　　　　　　　　　　　　　　　　　　(368)
with it. He swooped past the match-girl, and slipped the
　　　　　　　　　　(369)　　　　　　　　　　　　(370)
jewel into the palm of her hand. "What a lovely bit of glass!"
cried the little girl; and she ran home, laughing.
　(371)　　　　　　　　　　　(372)

(367)・(368) *So* は「そこで、それで」という意味である。*he plucked out the Prince's other eye* は「彼は王子のもう片方の目をぐいと引き抜いた（燕は王子のもう片方の目をつつき出した）」、*and darted down* は「そして投げ矢のように離れていった（そして矢のように飛んでいった）」、*with it* は「それを持って（それをくわえて）」。

(369)・(370) *He swooped* は「彼は舞い下りて飛びかかった（燕は舞い下りた）」、*past the match-girl* は「マッチ売りの女の子を通り過ぎて（マッチ売りの女の子の前に）」、*and slipped the jewel* は「そして宝石をそっと入れた」、*into the palm of her hand* は「彼女の手の平の中に（手の平に）」。

(371) *What a lovely bit of glass!* は「なんと美しいガラスのかけらだろう！と（なんてきれいなガラス玉だこと！と）」。*cried the little girl* は「小さな女の子は大声で言った」。

(372) *and* は「……して（こう大声で言って）」。*she ran* は「彼女は走った」、*home* は「わが家へ（家へ）」。*laughing* は「声を立てて笑いながら（彼女は笑いながら）」。

(367)〜(372) の訳
そこで燕は王子様のもう片方の目をつつき出し、それをくわえて矢のように飛んでいき、マッチ売りの女の子の前に舞い下り、手の平に宝石をそっと入れました。「なんてきれいなガラス玉だこと！」と小さな女の子は大声で言い、笑いながら家へ駆けていきました。

Then the Swallow came back to the Prince. "You are blind
　　　　　　　　　　　　　　　　　　　(373)　　　　　　　　　(374)
now," he said, "so I will stay with you always."
　　　　　　(375)　　　　　(376)

第 2 章 『THE HAPPY PRINCE』の原文を書き手の話し手の心で読む

(373) Then は「それから、その後で（そこで）」という意味。〈come back〉で「帰る、戻る」なので、the Swallow came back は「燕は帰った」となり、to the Prince は「王子のところに」。

(374) You are blind は「あなたは目が見えない」、now は「今ではもう、と（もう、と）」。

(375) he said は「彼（燕）が言った」。

(376) so は「……ので（だから）」である。I は文法上の主語であり、(68) で触れているように will はこの文法上の主語の意志として述べている。I will stay は「私はいるとしよう」、with you は「あなたと一緒に（あなたのそばに）」、always は「いつまでも、と（これからずっと、と）」となる。

(373)～(376) の訳
そこで燕は王子様のもとに帰り、「あなたはもう目が見えなくおなりなので、私はこれからずっとあなたのおそばにいましょう」と言いました。

"No, little Swallow," said the poor Prince, "you must go away to Egypt."
(377)　　　　　　　　　　　　　　　　　　(378)

(377) No, little Swallow は「いいえ、かわいい燕よ、と（かわいい燕よ、それはだめだ、と）」という意味である。the poor Prince が文法上の主語であるので、said the poor Prince は「哀れな王子が言った」となる。

(378) you は文法上の主語であり、(105) で触れているように must はこの文法上の主語の義務として述べている。〈go away〉で「立ち去る」なので、you must go away は「あなたは立ち去らなければならない（あなたは行かなくてはいけない）」という意味になり、to Egypt は「エジ

プトへ、と」。

(377)〜(378) の訳
「かわいい燕よ、それはだめだよ。あなたはエジプトへ行かなくてはいけない」と哀れな王子様は言いました。

"I will stay with you always," said the Swallow, and he slept
　　　(379)　　　　　　　　　　(380)　　　　　　　　(381)
at the Prince's feet.

(379) (376) で述べているように *I will stay* は「私はいるとしよう（私はいる）」、*with you* は「あなたと一緒に（あなたのそばに）」、*always* は「いつまでも、と（これからずっと、と、ずっと、と）」という意味である。
(380) (*said the Swallow*)
(381) *and* は「……して（こう言って）」。*he slept* は「彼は眠った」、*at the Prince's feet* は「王子の両足のところで（王子の足もとで）」。

(379)〜(381) の訳
「ずっとあなたのおそばにいます」と燕は言い、王子様の足もとで眠りました。

All the next day he sat on the Prince's shoulder, and told him
　　　　　　　　　　　　　　　　　　　(382)　　　　　　　　　(383)
stories of what he had seen in strange lands. He told him of
　　(384)　　　　　　　　　　　　　　　　　(385)
the red ibises, who stand in long rows on the banks of the
[áɪbɪsəz]　　　　　　　(386)
Nile, and catch gold-fish in their beaks; of the Sphinx, who is
　　　　(387)　　　　　　　　　　　　[sfɪŋks]　　　(388)
as old as the world itself, and lives in the desert, and knows
　　　(389)　　　　　　　　　　　[dézət]　　　(390)

第 2 章　『THE HAPPY PRINCE』の原文を書き手の話し手の心で読む

everything; of the merchants, who walk slowly by the side
of their camels, and carry amber beads in their hands; of
　　　　　　(391)
　　[kǽm(ə)lz]　　　(392)
the King of the Mountains of the Moon, who is as black as
　　　　　　　　　　　　　　　　　　　　　(393)
ebony, and worships a large crystal; of the great green snake
[ébəni]　　(394) [wə́ːʃips]
that sleeps in a palm-tree, and has twenty priests to feed it
　　　(395)　　　　　　　(396)
with honey-cakes; and of the pygmies who sail over a big
　　[hʌ́ni kèiks]　　　　　　[pígmiz]　　　(397)
lake on large flat leaves, and are always at war with the but-
　　　　　　　　　　　　　　　　　(398)
terflies.

(382)・(383)・(384) *All the next day* は「すっかり翌日には（翌日にはすっかり、翌日にはずっと、翌日はずっと）」、*he sat on the Prince's shoulder* は「彼（燕）は王子の肩に止まっていた」、*and told him stories* は「そして彼（王子）に話をした」という意味である。*what* は先行詞を兼ねた関係代名詞なので、*told* の目的語の要素の一部と接続詞の要素と *had seen* の目的語の要素を含んでいる。*he* は文法上の主語であり、**had** はこの文法上の主語について過去の事実として述べ、**had seen** でこの文法上の主語について過去（燕が王子の肩に止まって、話をしたとき）までの事実として述べている。そこで *of what he had seen in strange lands* は「彼が見知らぬ国々で見てきていたもののことの（燕が見知らぬ国々で見てきたことの、自分がさまざまな国で見てきたことの）」となる。

(385) 〈tell ＋目的語（人）＋ of……〉で「（人）に……のことを話す」なので、*He told him of the red ibises* は「彼は彼に赤い朱鷺(とき)のことを話した（燕は王子に赤い朱鷺のことも話した）」となる。

(386)・(387) *who* は関係代名詞で、接続詞の要素と *the red ibises* を指して *stand*、*catch* の文法上の主語の要素を含んでいる。*stand*、*catch* はそれぞれこの文法上の主語について、過去に起こったことをありありと、あたかも目の前に起こっているかのように述べている。なお、このように浮き彫りにして述べることによって、書き手は生き生きとした

93

感じを表そうとしている。*who stand* 以下は *the red ibises* について連続的に述べて、「そしてこの鳥たち（この鳥）は立っている」、*in long rows* は「長い列をなして」、*on the banks of the Nile* は「ナイル河の両岸の上に（ナイル河の両岸に）」、*and catch gold-fish* は「そして金魚を捕まえる」、*in their beaks* は「彼らの嘴の中に（嘴で）」という意味になる。**なお以下の *is*、*lives*、*knows*、*walk*、*carry*、*is*、*worships*、*sleeps*、*has*、*sail*、*are* も、それぞれの文法上の主語に対して、これと同様な書き手の心の態度を示している。**

(388)・(389)・(390) *of the Sphinx* は *of the red ibises* に続いて「スフィンクスのことも（スフィンクスのことも話した）」である。*who* が関係代名詞で、接続詞の要素と *the Sphinx* を指して *is*、*lives*、*knows* の文法上の主語の要素を含んでいる。*who is as old* 以下は *the Sphinx* について連続的に述べて、「そしてこの像は同じくらい古い」、*as the world itself* は「世界それ自身と同じく」、*and lives in the desert* は「そして砂漠に住んでいる」、*and knows everything* は「そして、あらゆることを知っている」となる。

(391)・(392) *of the merchants* は *of the Sphinx* に続いて「商人たちのことも（商人たちのことも話した、隊商のことも話した）」である。*who* が関係代名詞で、接続詞の要素と *the merchants* を指して *walk*、*carry* の文法上の主語の要素を含んでいる。*who walk* 以下は *the merchants* について連続的に述べて、「そしてこの隊商（この一団）は歩いている」、*slowly* は「ゆっくりと」、*by the side of their camels* は「彼らの駱駝のそばで（駱駝のそばを）」、*and carry amber beads* は「そして琥珀の数珠を携えている」、*in their hands* は「彼らの手の中に（手に）」となる。

(393)・(394) *of the King of the Mountains of the Moon* は *of the merchants* に続いて「月の山々の王のことも（月の山々の王のことも話した）」である。*who* が関係代名詞で、接続詞の要素と、*the King of the Mountains of the Moon* を指して *is*、*worships* の文法上の主語の要素を含んでいる。*who is as black* 以下は *the King of the Mountains of the Moon* について連続的に述べて、「そしてこの王は同じくらい黒い」、*as ebony* は「黒檀と同じ

第2章 『THE HAPPY PRINCE』の原文を書き手の話し手の心で読む

く」、and worships a large crystal は「そして大きな水晶を崇めている」となる。

（395）・（396）of the great green snake は of the King of the Mountains of the Moon に続いて「大きな緑色の蛇のことも（大きな緑色の蛇のことも話した）」である。that が関係代名詞で、接続詞の要素と the great green snake を指して sleeps、has の文法上の主語の要素を含んでいる。that sleeps in a palm-tree 以下は the great green snake を修飾して、「この蛇は椰子の木の中で眠るが（この蛇は椰子の木で眠るが）」となり、and has twenty priests to feed it with honey-cakes は〈feed ＋目的語＋ with……〉で「……を……で養う」、「そして、それを蜂蜜菓子で養うために二十人の僧侶(そうりょ)がいる（そして、それを蜂蜜菓子(はちみつ)で養うために二十人の僧侶がいるが、そしてこれを蜂蜜菓子で養うために僧侶が二十人もついているが）」となる。

（397）・（398）and of the pygmies は of the great green snake に続いて「また小人たちのことも（また小人たちのことも話した）」である。who が関係代名詞で、接続詞の要素と the pygmies を指して sail、are の文法上の主語の要素を含んでいる。who sail over a big lake on large flat leaves 以下は the pygmies を修飾して、「この小人たちは大きな平たい葉に乗って大きな湖を渡るが」となり、and are always at war with the butterflies は〈at war with……〉で「……と交戦中で」、「そして、いつも蝶(ちょう)と交戦中である（そして、いつも蝶と交戦中であるが、そして、いつも蝶を相手に戦っているが）」となる。

（382）〜（398）の訳
翌日は**ずっと**燕は王子様の肩に止まり、自分がさまざまな国で見てきたことの話をしました。赤い朱鷺のことも話しました。この鳥は長い列をなしてナイル河の両岸に立ち嘴で金魚を捕まえます。スフィンクスのことも ── この像はこの世の初めからおり、砂漠に住み、あらゆることを知っています。隊商のことも ── この一団は駱駝のそばをゆっくり歩き、琥珀の数珠を手

にしています。月の山々の王様のことも ── この王様は黒檀のように黒く、大きな水晶を崇めています。また椰子の木で眠るこれを蜂蜜菓子で養うために僧侶が二十人もついています大きな緑色の蛇のことも、大きな平たい葉に乗って大きな湖を渡り、いつも蝶を相手に戦っています小人たちのことも話しました。

> "Dear little Swallow," said the Prince, "you tell me of mar-
> (399)   (400)
> vellous things, but more marvellous than anything is the
>   (401)
> suffering of men and of women. There is no Mystery so great
>   (402)   [mist(ə)ri]
> as Misery. Fly over my city, little Swallow, and tell me what
>   (403)   (404)
> you see there."
> (405)

(399)（*"Dear little Swallow," said the Prince*）

(400) **(183)** で触れているように *tell* は現在形で現在完了を表し、過去に起こったことの結果が現在に及んでいるとき、その現在の状態に重点を置いて述べている。*you tell me of marvellous things* は「あなたは私に不思議なもののことを話してくれている（あなたは私に不思議なことを話してくれる）」という意味になる。

(401) *but* は「しかし」である。***the suffering of men and of women*** は文法上の主語であり、*is* はこの文法上の主語について真理など常に不変であると思われること（一般的なこと）として述べている。*more marvellous than anything is the suffering of men and of women* は「男たちの、そして女たちの苦しみは何よりも不思議なのである（人間男女の苦しみは何にもまして不思議なのである）」となる。なお次の *is* もその実際の主語に対して、これと同様な話し手の心の態度（王子の心の態度）を示している。

第2章　『THE HAPPY PRINCE』の原文を書き手の話し手の心で読む

(402) *Mystery* と *Misery* が大文字で始まり強調されている。*There is no Mystery* は実際の主語に否定語を用いて意味上否定を表し、「神秘は何もないのである」であり、*so great as Misery* は否定語の後に用いて〈so……as〜〉が「〜ほどに……、〜と同じ程度に……」で *no Mystery* を修飾して「悲惨ほどに大きな（神秘は何もない）」である。

(403)・(404)・(405) **(295)・(296)** で触れているように、この場合も文法上の主語は **you** であるので消去され、*Fly*、*tell* はそれぞれ文法上の主語について命令・要請・懇願として述べている。*Fly* は「飛んでくれ」、*over my city* は *my* で *city* に親しみを表して「この市の上方に（この町の上を）」、*little Swallow* は「かわいい燕よ」、*and tell me* は「そして私に話してくれ」という意味になる。*what* は先行詞を兼ねた関係代名詞なので、*tell* のもう一つの目的語の要素と接続詞の要素と *see* の目的語の要素を含んでいる。***you*** は文法上の主語であり、***see*** はこの文法上の主語について確定的な未来のこととして述べている。したがって *what you see there* は「あなたが確かにそこで見るだろうもののことを、と（あなたがそこで見ることを、と、あなたの目に入ることを、と）」となる。

(399)〜(405) の訳
「かわいい燕さんよ、あなたは不思議なことを話してくれるが、しかし人間男女の苦しみは何にもまして不思議なのだよ。悲惨ほど大きな神秘はない。かわいい燕よ、この町の上を飛んで、目に入ることを話しておくれ」と王子様は言いました。

So the Swallow flew over the great city, and saw the rich
(406)　　　　　　　　　　　　　　　　(407)
making merry in their beautiful houses, while the beggars
were sitting at the gates. He flew into dark lanes, and saw the
(408)　　　　　(409)　　　　　　　　(410)
white faces of starving children looking out listlessly at the

97

> black streets. Under the archway of a bridge two little boys were lying in one another's arms to try and keep themselves warm. "How hungry we are!" they said. "You must not lie here," shouted the Watchman, and they wandered out into the rain.
>
> (411)　(412)　(413)　(414)
> (415)　(416)[wɔ́ndəd]

　(406)・(407) *So* は「そこで、それで」という意味である。*the Swallow flew* は「燕は飛んだ」、*over the great city* は「大きな市の上方に（大きな町の上を）」。*and saw the rich making merry in their beautiful houses* は *the rich* で「金持ちたち」、〈make merry〉で「浮かれる」、*making merry in their beautiful houses* が *the rich* を修飾して「そして金持ちたちが彼らの美しい家々の中で浮かれているのが見えた（そして金持ちたちが立派なお屋敷で浮かれ騒いでいるのを見た）」である。

　(408) *while* は「ところが一方」である。*the beggars* は文法上の主語であり、*were* はこの文法上の主語について過去の事実として述べ、*were sitting* でこの文法上の主語について過去に進行・継続していた事実として述べている。*the beggars were sitting* は「物乞いたちは座っていた」、*at the gates* は「門のところに」となる。

　(409)・(410) *He flew* は「彼は飛んだ」、*into dark lanes* は「暗い小路の中に」。*and saw the white faces of starving children looking out listlessly at the black streets* は〈look out〉で「外を見る」、〈look out at……〉で「外の……を見る」、*looking out listlessly at the black streets* が *the white faces of starving children* を修飾して「そして飢えている子供たちの白い顔がぼんやりと外の真っ暗な通りを見ているのが見えた（そして飢えて蒼白い顔の子供たちがぼんやりと外の真っ暗な通りを眺めているのを見た）」である。

　(411) *Under the archway of a bridge* は「橋の弓形の通路の下では（弓形の橋桁の下では）」。*two little boys* は文法上の主語であり、*were* はこの文法上の主語について過去の事実として述べ、*were lying* でこの文法上

の主語について過去に進行・継続していた事実として述べている。*two little boys were lying* は「二人の小さな男の子が横になっていた」、*in one another's arms* は「互いの腕の中で（互いに抱き合って）」となり、*to try and keep themselves warm* は〈keep＋目的語＋補語〉で「……をずっと……の状態にしておく」、「彼ら自身をずっと温かい状態にしておこうとして（自分たちの体を温め合おうとして）」である。

（412）*we* が文法上の主語で、*How hungry we are!* は「俺たちはなんとお腹が空いているのだろう！と（お腹が空いたよう！と）」である。

（413）（*they said*）

（414）***You*** は文法上の主語であり、（105）で触れているように ***must*** はこの文法上の主語の義務として述べている。***must not*** でこの文法上の主語の義務の内容を否定的に述べて、この文法上の主語について禁止として述べている。*You must not lie* は「お前たちは横になっていないのが義務だ、お前たちは横になっていてはいけない（お前たちは寝ていてはいかん）」、*here* は「ここで、と」という意味になる。

（415）*shouted the Watchman* は「夜番は怒鳴った」。

（416）*and* は「……すると、だから（それで仕方なく）」。*they wandered out* は「彼らはさまよい出た（二人はさまよい出た）」、*into the rain* は「雨の中に」。

（406）〜（416）の訳
そこで燕は大きな町の上を飛び、金持ちたちが立派なお屋敷で浮かれ騒いでいるのを見ましたが、一方物乞いたちは門のところに座っていました。燕は暗い小路に飛び込み、飢えて蒼白い顔の子供たちがぼんやりと外の真っ暗な通りを眺めているのを見ました。弓形の橋桁の下では小さな男の子が二人互いに抱き合い横になり体を温め合おうとしていました。「お腹が空いたよう！」と二人の男の子は言いました。「お前たちはここで寝ていてはいかん」と夜番が怒鳴りましたので、仕方なく二人は雨の中にさまよい出ていきました。

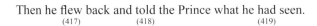

Then he flew back and told the Prince what he had seen.
　　(417)　　　　　(418)　　　　　　　　　(419)

(417)・(418)・(419) *Then* は「それから、その後で（そこで）」、*he flew back* は「彼（燕）は飛んでかえった」、*and told the Prince* は「そして王子に話した」という意味である。*what* は先行詞を兼ねた関係代名詞なので、*told* のもう一つの目的語の要素と接続詞の要素と *had seen* の目的語の要素を含んでいる。*he* は文法上の主語であり、*had* はこの文法上の主語について過去の事実として述べ、*had seen* でこの文法上の主語について過去（燕が飛んでかえって、王子に話をしたとき）までの事実として述べている。したがって *what he had seen* は「彼が見てきていたもののことを（燕が見てきたことを、自分が見てきたことを）」となる。

(417)～(419) の訳
そこで燕は飛んでかえり、王子様に見てきたことを話しました。

"I am covered with fine gold," said the Prince, "you must
　　　　(420)　　　　　　　　(421)　　　　　　　(422)
take it off, leaf by leaf, and give it to my poor; the living
always think that gold can make them happy."
　　　(423)　　　　　　(424)

(420) 〈be covered with……〉で「……で覆われる」なので、*I am covered with fine gold* は「私は上質の金で覆われている、と（私の体は純金で覆われている、と）」という意味になる。

(421) (*said the Prince*)

第2章　『THE HAPPY PRINCE』の原文を書き手の話し手の心で読む

(422) *you* は文法上の主語であり、(105) で触れているように *must* はこの文法上の主語について話し手の強制（王子の強制）として述べている。〈take off〉で「取りはずす、取り除く」。したがって *you must take it off* は「あなたはぜひそれを取りはずしておくれ（あなたはぜひこれを剝がしておくれ）」、*leaf by leaf* は「一枚ずつ」、*and give it* は「そして、それを与える（そして、ぜひそれを与えておくれ、そして、ぜひこれをやっておくれ）」、*to my poor* は *my* で貧しい人たちに親愛の意味を込めて「この貧しい人たちに（この貧しい人々に）」という意味になる。

(423)・(424) *the living* は「生きている人たち」で文法上の主語であり、*(always) think* はこの文法上の主語について現在の反復的なこと・習慣・習性として述べ、*always think* でこの文法上の主語について現在の反復的なこと・習慣・習性を強調している。*the living always think* は「生きている人たちはいつも思っている（生きている人々はいつも思っている）」という意味になる。*gold* は文法上の主語である。（この文法上の主語は無生物であるが、その無生物が能力を有するように用い）*can* はこの文法上の主語の能力として述べている。そこで *that gold can make them happy* は「金は彼らを幸福にすることができるということを、と（金は自分たちを幸福にすることができると、と、金があれば幸せになれると、と）」となる。

(420)〜(424) の訳
「私の体は純金で覆われているのだよ。これを一枚ずつ剝がして、ぜひともこの貧しい人々にやっておくれ。生きている人々は金があれば幸せになれるといつも思っているんだ」と王子様は言いました。

Leaf after leaf of the fine gold the Swallow picked off, till the
(425)
Happy Prince looked quite dull and grey. Leaf after leaf of
(426)

101

> the fine gold he brought to the poor, and the children's faces
> grew rosier, and they laughed and played games in the street.
>   (427)
>   (428)   (429)   (430)
> "We have bread now!" they cried.
>   (431)   (432)

(425) *the Swallow* が文法上の主語であり、*Leaf after leaf of the fine gold* で「上質の金（純金）の一枚一枚」なので、*Leaf after leaf of the fine gold the Swallow picked off* は「純金の一枚一枚を燕はつまみ取った（燕は純金の箔を一枚一枚とつついて剥がした）」という意味になる。

(426) *till* は「……してついに（ついに）」、*the Happy Prince looked quite dull and grey* は「幸福な王子はまったく光・色などが鈍くそして灰色に見えた（幸福な王子はすっかり色あせて灰色の姿になってしまった）」。

(427) *Leaf after leaf of the fine gold he brought* は「純金の一枚一枚を彼は持ってきた（燕は純金の箔を一枚一枚と持ってきた）」、*to the poor* は「貧しい人たちに（貧しい人々に）」。

(428) *and* は「すると」、*the children's faces grew rosier* は「子供たちの顔はより薔薇色になった（子供たちは顔がしだいに薔薇色になってきた）」。

(429)・(430) *and* は「そして」。*they laughed* は「彼らは声を立てて笑った」、*and played games* は「そして遊戯をした」、*in the street* は「通りの中で（通りで）」。

(431) *We have bread* は「僕たちにはパンがある（僕たちはパンが食べられる）」、*now* は「今ではもう、と（もう、と）」。

(432) (*they cried*)

(425)〜(432)の訳
燕が純金の箔を一枚一枚とつついて剥がしますと、ついに幸福な王子様はすっかり色あせて灰色の姿になってしまいました。純金の箔を一枚一枚と貧しい人々に持ってきますと、子供たちは顔がしだいに薔薇色になり、声を立てて笑い、通りで遊戯を

第2章　『THE HAPPY PRINCE』の原文を書き手の話し手の心で読む

し、「僕たちはもうパンが食べられる」と大声で言いました。

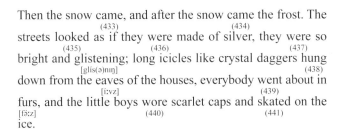

Then the snow came, and after the snow came the frost. The
　　　　　　(433)　　　　　　　　　　　　　　(434)
streets looked as if they were made of silver, they were so
　　　　　(435)　　　　(436)　　　　　　　　　　　　　(437)
bright and glistening; long icicles like crystal daggers hung
　　　　　　[glis(ə)niŋ]　　　　　　　　　　　　　　　　　(438)
down from the eaves of the houses, everybody went about in
　　　　　　　　　[i:vz]　　　　　　　　　　　(439)
furs, and the little boys wore scarlet caps and skated on the
[fə́:z]　　　　　　　　　　　(440)　　　　　　　　　(441)
ice.

(433) *Then* は「それから、その後で（やがて）」、*the snow came* は「雪が来た（雪が降ってきた）」という意味である。

(434) *and* は「そして」。*after the snow* は「雪の後には（雪が降った後には）」、*came the frost* は「霜が来た（霜が降りた）」。

(435) (*The streets looked*)

(436) 〈as if……〉は「まるで……かのように」である。「as if / as though 以下が主節の示す時（time）と同時の事柄を表す場合には仮定法過去を使う」（『英文法解説―改訂三版―』同前）したがって、*as if they were made of silver* は「まるでそれらは銀で作られているかのように（まるで通りは銀でできているかのように）」となる。

(437) *they* は文法上の主語であり、*were* はこの文法上の主語について過去の事実として述べ、*were (so bright and) glistening* でこの文法上の主語について過去に進行・継続していた事実として述べている。*they were so bright* は「それらはそれほど明るかった」、*and glistening* は「そして、きらきら輝いて（そして、きらきら輝いていた）」という意味になる。

(438) *long icicles like crystal daggers* が文法上の主語であり、〈hang down〉で「垂れ下がる」なので、*long icicles like crystal daggers hung*

down は「水晶の短剣のような長い氷柱が垂れ下がっていた」となり、from the eaves of the houses は「家々の軒から」。

(439) 〈go about〉で「歩き回る」なので、everybody went about は「誰もが歩き回った（誰も彼も出歩いた）」となり、in furs は「毛皮を着て（毛皮をまとい）」。

(440)・(441) and は「そして」。the little boys wore scarlet caps は「小さな男の子たちは真っ赤な帽子を被っていた」、and skated は「そしてスケートで滑った」、on the ice は「氷の上で」。

(433)〜(441) の訳
やがて雪が降り、雪が降った後には霜が降りました。通りは明るくきらきら輝いていましたので、まるで銀でできていますかのように見えました。家々の軒からは水晶の短剣のような長い氷柱が垂れ下がり、誰も彼も毛皮をまとい出歩き、小さな男の子たちは真っ赤な帽子を被り、氷滑りをしました。

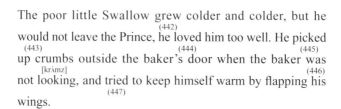

The poor little Swallow grew colder and colder, but he
(442)
would not leave the Prince, he loved him too well. He picked
(443)   (444)   (445)
up crumbs outside the baker's door when the baker was
[krÁmz]   (446)
not looking, and tried to keep himself warm by flapping his
(447)
wings.

(442) The poor little Swallow grew colder and colder は「哀れな小さな燕はだんだんと寒くなった（かわいそうに小さな燕はだんだんと寒さを覚えてきた）」という意味である。

(443) but は「しかし」である。he は文法上の主語であり、would はこの文法上の主語の過去の（強い）意志として述べ、would not でこ

の文法上の主語の過去の（強い）意志の内容を否定的に述べている。*he would not leave the Prince* は「彼には王子を置き去りにしようとしない強い意志があった（彼はどうしても王子を置き去りにしようとしなかった、燕はどうしても王子のもとを離れようとしなかった）」となる。

(444) *he loved him* は「彼は彼を愛していた（燕は王子を愛していた）」、*too well* は「あまりにもよく（この上なく）」。

(445) 〈pick up〉で「拾い上げる、拾う」なので、*He picked up crumbs* は「彼はパン屑を拾い上げた（燕はパン屑をついばんだ）」となり、*outside the baker's door* は「パン屋の戸口の外で」。

(446) *the baker* は文法上の主語であり、*was* はこの文法上の主語について過去の事実として述べ、*was (not) looking* でこの文法上の主語について過去に進行・継続していた事実として述べ、*was not looking* でこの文法上の主語について過去に進行・継続していた事実を否定的に述べている。そこで *when the baker was not looking* は「パン屋が見ていなかったとき（パン屋が見ていなかったすきに）」という意味になる。

(447) (445) の *He* は *tried* の文法上の主語でもある。*and tried to keep himself warm* は「そして（彼は）彼自身をずっと温かい状態にしておこうとした（そして燕は自分の体を温めようとした）」、*by flapping his wings* は「彼の翼をばたばたと動かすことによって（羽ばたいて）」。

(442)〜(447) の訳
かわいそうに小さな燕はだんだんと寒さを覚えてきましたけれども、王子様をこの上なく愛していましたので、どうしても王子様のもとを離れようとしませんでした。燕はパン屋が見ていませんすきにパン屋の戸口の外でパン屑をついばみ、羽ばたいて体を温めようとしました。

> But at last he knew that he was going to die. He had just
> (448)   (449)   (450)
> strength to fly up to the Prince's shoulder once more. "Good-
> bye, dear Prince!" he murmured, "will you let me kiss your
>   (451) [mə́ːməd]   (452)
> hand?"

　(448)・(449) *But* は「しかし、だが」という意味である。*at last* は「ついに、とうとう」、*he knew* は「彼は知った（燕は悟った）」という意味である。「be going to はすでに何かの徴候があることを前提にするから，近い未来の予測を表すのが普通である。」(『英文法解説 ― 改訂三版 ―』同前) (125)・(126) で触れているように *was* は時制の一致の制約に従っている。*was going to die* は「死にそうだった」という意味になる。そこで *that he was going to die* は「彼が死にそうだったということを（自分が死にそうだということを、死が近づいていることを）」となる。

　(450) *He had just strength* は *just* で「やっと」、「彼にはやっと体力があった」であり、*to fly up to the Prince's shoulder once more* は *strength* を修飾して「もう一度、王子の肩へ飛び上がるための（もう一度王子の肩へ飛び上がっていく）、（体力）」。

　(451) *Good-bye, dear Prince!* は「さようなら、親愛なる王子！と（王子様、さようなら！と）」。*he murmured* は「彼（燕）がぼそぼそ言った」。

　(452) (68) で触れているように *you* は文法上の主語であり、*will* はこの文法上の主語について依頼・勧誘として述べている。〈let ＋目的語＋do〉で「……に……させる」なので、*will you let me kiss your hand?* は「あなたは私にあなたの手に接吻させてくれるか？と（あなたは私にあなたの手に接吻させてくれないか？と、手に接吻させてくれないか？と）」という意味になる。

第 2 章　『THE HAPPY PRINCE』の原文を書き手の話し手の心で読む

(448)〜(452) の訳
しかしついに、燕は死が近づいていることを悟りました。燕にはただやっともう一度王子様の肩へ飛び上がっていくだけの体力しかありませんでした。「王子様、さようなら！ お手に接吻させてくださいませんか？」と燕はぼそぼそ言いました。

"I am glad that you are going to Egypt at last, little Swal-
　　　　(453)　　　　　　　(454)
low," said the Prince, "you have stayed too long here; but
　　　(455)　　　　　　(456)
you must kiss me on the lips, for I love you."
　　(457)　　　　　　　(458)

(453)・(454) *I am glad* は「私はうれしい（私はうれしく思う）」という意味である。**(259)** で触れているように *are going* は *you* について「近い将来に起ころうとする」ことを表している。そこで *that you are going to Egypt at last* は「あなたがとうとうエジプトへ行くということが（あなたがとうとうエジプトへ行くようで）」となる。*little Swallow* は「かわいい燕よ、と」。

(455) (*said the Prince*)

(456) *you* は文法上の主語であり、*have* はこの文法上の主語について現在の事実として述べ、*have stayed* でこの文法上の主語について現在（今）までの事実として述べている。*you have stayed* は「あなたはいてしまっている（あなたはいてしまった）」、*too long* は「あまりにも長く」、*here* は「ここに」という意味になる。

(457) *but* は「でも」である。*you* は文法上の主語であり、**(105)** で触れているように *must* はこの文法上の主語について話し手の強制（王子の強制）として述べている。*you must kiss me* は「あなたはぜひ私に接吻しておくれ」、*on the lips* は「唇の上に（唇に）」となる。

(458) (*for I love you*)

107

(453)〜(458) の訳

「かわいい燕よ、とうとうエジプトへ行くようで、私はうれしく思うのだよ。あなたはあまりにも長くここにいすぎた。でも私はあなたを愛しているのだから、ぜひ私の唇に接吻しておくれ」と王子様も言いました。

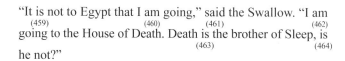

"It is not to Egypt that I am going," said the Swallow. "I am
　　　(459)　　　　　　(460)　　　　(461)　　　　　　(462)
going to the House of Death. Death is the brother of Sleep, is
　　　　　　　　　　　　　　　(463)　　　　　　　　　　　　　　(464)
he not?"

(459)・(460) **It** は **that** 以下を代表して文法上の主語であり、**is** はこの文法上の主語について現在の事実として述べ、**is not** でこの文法上の主語について現在の事実を否定的に述べている。*It is not to Egypt* は「エジプトへではない（エジプトではない）」という意味になる。**(259)** で触れているように *am going* は *I* について「近い将来に起ころうとする」ことを表している。そこで *that I am going* は「私が行くのは、と」である。

(461) (*said the Swallow*)

(462) *I am going* は「私は行く」、*to the House of Death* は「死の家へ」。

(463)・(464) **Death** は文法上の主語であり、*is* はこの文法上の主語について確定的な未来のこととして述べている。*Death is the brother of Sleep* は Death と Sleep が大文字で始まり擬人化されていて、「死は確かに眠りの兄弟だろう（死は眠りの兄弟だ）」という意味になる。**he** は文法上の主語で、*is* はこの文法上の主語について確定的な未来のこととして述べ、*is (he) not* でこの文法上の主語について確定的な未来のことを否定的に述べている。*is he not?* は陳述文が肯定であるので否定になり、「彼（死）は確かにそうではないだろうか？（死はそうではないか？）」

第2章　『THE HAPPY PRINCE』の原文を書き手の話し手の心で読む

となる。

　(459)～(464)の訳
「私が行くのはエジプトではないのです。私は死の家へ行くのです。死は眠りの兄弟ですよね、そうではありませんか？」と燕は言いました。

And he kissed the Happy Prince on the lips, and fell down
　　　　　　　　　　　　　　　(465)　　　　　　　　　　　　　　　　　　(466)
dead at his feet.

　(465)・(466) *And* は「……して（こう言って）」という意味である。*he kissed the Happy Prince* は「彼（燕）は幸福な王子に接吻した」、*on the lips* は「唇の上に（唇に）」。〈fall down〉で「落ちる」なので、*and fell down dead* は「そして死んで落ちた（そして落ちて死んだ）」となり、*at his feet* は「彼の両足のところに（王子の足もとに）」。

　(465)～(466)の訳
こう言いまして、燕は幸福な王子様の唇に接吻してしまいますと、王子様の足もとに落ちて死んでしまいました。

At that moment a curious crack sounded inside the statue, as
　　　　　　　　　　　　　　　　　　[kræk]　(467)
if something had broken. The fact is that the leaden heart had
　　　　　　　　　(468)　　　　　　　　　　　　(469)　　　　　　[lédn]　　(470)
snapped right in two. It certainly was a dreadfully hard frost.
　　(471)

109

(467) At that moment は「その瞬間に」、a curious crack sounded は「奇妙なひび割れが音を出した（奇妙なひび割れの音がした）」、inside the statue は「像の内部で」という意味である。

(468) (436) で述べているように、〈as if……〉は「まるで……かのように」である。「as if / as though 以下が主節の動詞が示す時（time）よりも前の事柄を表す場合は，仮定法過去完了を使う。」（『英文法解説 — 改訂三版 —』同前）したがって、as if something had broken は「まるで何かが壊れたかのように」となる。

(469)・(470) The fact is…… は「事実は……である（実をいうと……）」という意味である。**the leaden heart** は文法上の主語であり、**had** はこの文法上の主語について過去の事実として述べ、**had snapped** でこの文法上の主語について過去（奇妙なひび割れの音が像の内部でしたとき）までの事実として述べている。そこで that the leaden heart had snapped right in two は「鉛製の心臓がぱちんと音を立てて真っ二つに割れてしまっていたということ（鉛の心臓がぱちんと音を立てて真っ二つに割れてしまったのだった）」となる。

(471) It がその場の天候・寒暖を表して文法上の主語で、certainly が It と was の間にあって文全体を修飾して「確かに」なので、It certainly was a dreadfully hard frost は「確かに天候・寒暖は恐ろしく厳しい霜が降りるほどの寒気だった（確かに恐ろしいほど厳しい寒さだった）」となる。

(467)〜(471) の訳
その瞬間に、まるで何かが壊れましたかのように、奇妙なひび割れの音が像の内部でしました。実をいいますと、鉛の心臓がぱちんと音を立てて真っ二つに割れてしまったのでした。確かに恐ろしいほど厳しい寒さだったのです。

第2章　『THE HAPPY PRINCE』の原文を書き手の話し手の心で読む

> Early the next morning the Mayor was walking in the square
>   　　　　　　　　　　　　　　　　　　(472)
> below in company with the Town Councillors. As they
> passed the column he looked up at the statue: "Dear me! how
> 　(473)　　　　　　　　　(474)
> shabby the Happy Prince looks!" he said.
> 　[ʃǽbi]　　　　　　　　(475)　　　　(476)

　(472) *Early the next morning* は「早く翌朝には（翌朝には早く、翌朝は早く、翌朝早く）」という意味。*the Mayor* は文法上の主語であり、*was* はこの文法上の主語について過去の事実として述べ、*was walking* でこの文法上の主語について過去に進行・継続していた事実として述べている。*the Mayor was walking* は「市長は歩いていた」、*in the square below* は「下の四角い広場の中で（像の下の広場を）」、*in company with the Town Councillors* は「町の議員たちと一緒に（市会議員たちと連れ立ち）」となる。

　(473) *As they passed the column* は「彼らが円柱を通り過ぎたとき（市会議員たちが円柱のところを通り過ぎると）」。

　(474) 〈look up〉で「見上げる」、〈look up at……〉で「……を見上げる」なので、*he looked up at the statue* は「彼（市長）は像を見上げた」となる。

　(475) *Dear me!* は驚き・哀れみなどを表して「おやまあ！（これはまあ！）」。*the Happy Prince* が文法上の主語で、*how shabby the Happy Prince looks!* は「幸福な王子はなんとみすぼらしく見えるのだろう！と（幸福な王子はなんとみすぼらしい姿になられたことだ！と）」である。

　(476)（*he said*）

(472)～(476) の訳
翌朝早く、市長は市会議員たちと連れ立ち像の下の広場を歩いていました。市会議員たちが円柱のところを通り過ぎますと、市長は像を見上げ、「これはまあ！　幸福な王子様はなんとみすぼらしい姿になられたことだ！」と言いました。

> "How shabby, indeed!" cried the Town Councillors, who
> (477)
> always agreed with the Mayor; and they went up to look at it.
> (478)   (479)

（477）（*"How shabby, indeed!" cried the Town Councillors*）

（478）*who* は関係代名詞で、接続詞の要素と *the Town Councillors* を指して *agreed* の文法上の主語の要素を含んでいる。**(*always*) *agreed*** はこの文法上の主語について過去のかなりの期間にわたり反復・継続した事実として述べ、*always agreed* でこの文法上の主語について過去のかなりの期間にわたり反復・継続した事実を強調している。〈agree with ……〉で「……に同意する、……に賛成する」。したがって、*who always agreed with the Mayor* は *the Town Councillors* について連続的に述べて、「という訳はこの、町の議員たちはいつも市長に同意していた（市会議員たちはいつも市長に調子を合わせていた）から」という意味になる。

（479）*and* は「……すると、だから（そこで）」。*they went up* は「彼らは上った（一同は戻り上っていった）」となり、*to look at it* は「それを見るために（像を眺めに）」。

（477）〜（479）の訳
「まったくなんてみすぼらしい！」と市会議員たちも大声で言い、いつも市長に調子を合わせていました。そこで一同は像を眺めに戻り上っていきました。

> "The ruby has fallen out of his sword, his eyes are gone, and
> (480)   (481)
> he is golden no longer," said the Mayor; "in fact, he is little
> (482)   (483)   (484)
> better than a beggar!"

112

第2章 『THE HAPPY PRINCE』の原文を書き手の話し手の心で読む

（480）***The ruby*** は文法上の主語であり、***has*** はこの文法上の主語について現在の事実として述べ、***has fallen*** でこの文法上の主語について現在（今）までの事実として述べている。*The ruby has fallen* は「ルビーは落ちてしまっている」、*out of his sword* は「彼（王子）の剣から」という意味になる。

（481）***his eyes*** は文法上の主語であり、（330）で触れているように ***are*** はこの文法上の主語について現在の事実として述べ、***are gone*** でこの文法上の主語について現在（今）までの事実を動作の結果としての状態として述べている。*his eyes are gone* は「彼の両目はなくなってしまっている（目もなくなっている）」という意味になる。

（482）***and*** は「そして（それに）」。*he is golden no longer* は *no longer* で「もはや……ない」、「彼はもはや金色ではない、と（王子はもう純金張りではない、と）」である。

（483）(*said the Mayor*)

（484）*in fact* は「実際には（実際は、実際）」、*he is little better than a beggar!* は「彼は物乞いより少しもよくない！ と（王子は物乞いも同然だ！ と）」。

　　（480）〜（484）の訳
　　「ルビーは王子の剣から落ちてしまって、目もなくなっている。それに、もう純金張りではない。実際、王子は物乞いも同然だ！」と市長は言いました。

> "Little better than a beggar," said the Town Councillors.
> (485)

（485）(*"Little better than a beggar," said the Town Councillors*)

(485)の訳

「物乞いも同然だ」と市会議員たちも言いました。

"And here is actually a dead bird at his feet!" continued the Mayor. "We must really issue a proclamation that birds are not to be allowed to die here." And the Town Clerk made a note of the suggestion.
(486) (487) (488)[prɒkləmeɪʃən] (489) (490)[sədʒéstʃən]

　(486) *And* は「しかも」という意味である。*a dead bird* が文法上の主語であり、*actually* で「実際に、現に」なので、*here is actually a dead bird* は「ここに現に死んだ鳥がいる（ここに現に鳥が死んでいる）」となり、*at his feet!* は「彼の両足のところに！と（王子の足もとに！と）」。

　(487)（*continued the Mayor*）

　(488)・(489) *We* は文法上の主語であり、(105) で触れているように *must* はこの文法上の主語の義務として述べている。〈issue a proclamation〉で「声明書を出す、声明を発する」なので、*We must really issue a proclamation* は「わしらは実際に声明書を出さなければならない（わしらは実際に布告(ふれ)を出さなければなるまい）」という意味になる。「be to〜の用法を理解する上の指針として、Curme (*Syntax*, p.435) は「この形は主語以外の第三者の意志を伝えるためによく使われる」(This form is much used to convey the will of someone other than the subject.) と言っている」(『英文法解説 ― 改訂三版 ―』同前) そこで、*that birds are not to be allowed to die here* は *a proclamation* と同格で、「鳥はここで死ぬことを許されるべきではない（鳥はここにて死ぬべからず）という」となる。

　(490) *And* は「……すると、だから（それで）」。〈make a note of……〉

第 2 章　『THE HAPPY PRINCE』の原文を書き手の話し手の心で読む

で「……のノートを取る、……を書き留める、……を筆記する」なので、*the Town Clerk made a note of the suggestion* は「町の書記は提案を書き留めた（市役所の書記はこの提案を書き留めた）」となる。

(486)～(490) の訳
「しかも現に、ここ王子の足もとに鳥が死んでいるぞ！　わしらは、鳥はここにて死ぬべからず、という布告を実際に出さなくてはなるまい」と市長は続けていいました。それで市役所の書記はこの提案を書き留めました。

So they pulled down the statue of the Happy Prince. "As he
(491)
is no longer beautiful he is no longer useful," said the Art
(492)　　　　　　　　(493)　　　　　　　(494)
Professor at the University.

(491) *So* は「そこで、それで」という意味である。〈pull down〉で「引き下げる」なので、*they pulled down the statue of the Happy Prince* は「人々は幸福な王子の像を引き下げた（幸福な王子の像を引き下ろした）」となる。
(492) *As he is no longer beautiful* は「彼（王子）はもはや美しくないので」。
(493) *he is no longer useful* は「彼はもはや役に立たない、と（王子はもう役に立たない、と）」。
(494) *the Art Professor at the University* が文法上の主語で、*said the Art Professor at the University* は「大学での美術の教授（大学の美術の教授）は言った」である。

(491)〜(494) の訳
そこで幸福な王子様の像を引き下ろしました。「王子様はもはや美しくないので、もう役に立たない」と大学の美術の教授は言いました。

> Then they melted the statue in a furnace, and the Mayor held
> (495)　　　　　　　　　　　　　[fə́ːnəs]　　　　　　(496)
> a meeting of the Corporation to decide what was to be done
> 　　　　　　　[kɔ̀ːpəréɪʃən]　　　　　(497)
> with the metal. "We must have another statue, of course," he
> 　　　　　　　　(498)
> said, "and it shall be a statue of myself."
> (499)　　　　(500)

(495) *Then* は「それから、その後で（そこで）」という意味。*they melted the statue* は「人々は像を溶かした（像を溶かした）」となり、*in a furnace* は「溶鉱炉の中で（溶鉱炉で）」。

(496)・(497) *and* は「そして」。*the Mayor held a meeting of the Corporation* は「市長は市の自治団体の会合を催した（市長は市会を開いた）」、*to decide* は「決定するために（決めるために）」。*what* は間接疑問の疑問代名詞で、名詞節を導く接続詞の要素と *was* の文法上の主語の要素を含んでいる。(125)・(126) で触れているように *was* は時制の一致の制約に従っている。したがって *what was to be done with the metal* は「何が金属にされるべきであったかということを（何が金属にされるべきかを、どのような処置が地金にされるべきであるかを、地金をどう処分すべきかを）」となる。

(498) ***We*** は文法上の主語であり、(105) で触れているように ***must*** はこの文法上の主語の義務として述べている。*We must have another statue* は「わしらは別の像を持たなければならない（わしらは別の像を立てなければならない）」という意味になり、*of course* は「もちろん、と」。

(499) *he said* は「彼（市長）が言った」。

第2章 『THE HAPPY PRINCE』の原文を書き手の話し手の心で読む

(500) and は「そして（で）」である。it は文法上の主語であり、(40) で触れているように shall はこの文法上の主語について話し手の意志（市長の意志）として述べている。it shall be a statue of myself は「それがわし自身の像であるようにしよう、と（それはわしの像にしよう、と）」となる。

(495)～(500) の訳
そこで溶鉱炉で像を溶かしました。市長は地金をどう処分すべきかを決めるために市会を開き、「もちろん、わしらは別の像を立てなければならん。で、それはわしの像にしよう」と言いました。

"Of myself," said each of the Town Councillors, and they
(501)
quarrelled. When I last heard of them they were quarrelling
(502) [kwɔ́rəld]　　　　　(503)　　　　　　　(504)
still.

(501) Of myself は「わし自身の、と（わしの、と、わしのだ、と）」という意味である。each of the Town Councillors が文法上の主語であるので、said each of the Town Councillors は「町の議員たちのめいめいは言った（市会議員たちもめいめい言った）」となる。
(502) and は「……して（こう言って）」、they quarrelled は「彼らは口論した（市会議員たちは口論になった）」。
(503) 〈hear of……〉で「……のこと・消息を聞く」。そこで When I last heard of them は「この前、私が彼らのことを聞いたとき（この前、私が市会議員たちのことを耳にしたときも）」となる。なお作者 Oscar Wilde はこの物語に I として登場し、読者を二人称、そして、これに登場するその他を三人称として書いている。

（504）*they* は文法上の主語であり、*were* はこの文法上の主語について過去の事実として述べ、*were quarrelling* でこの文法上の主語について過去に進行・継続していた事実として述べている。*they were quarrelling* は「彼らは口論していた」、*still* は「まだ」という意味になる。

(501)〜(504) の訳
「わしのだ」と市会議員たちもめいめい言い、口論になりました。この前、私が市会議員たちのことを耳にしましたときも、まだ口論していました。

"What a strange thing!" said the overseer of the workmen
　　　　　　　　　　　　　　　　(505)　　　[óuvəsiːə]
at the foundry. "This broken lead heart will not melt in the
　　[fáundri]　　　　　　　　　　　　　　(506)
furnace. We must throw it away." So they threw it on a dust-
　(507)　　　　　　　　　　　　　　　　　(508)
heap where the dead Swallow was also lying.
　　　　　　　　　　　(509)

（505）*What a strange thing!* は「なんと不思議なことだろう！と（なんと不思議なことだ！と）」という意味である。*the overseer of the workmen at the foundry* が文法上の主語なので、*said the overseer of the workmen at the foundry* は「鋳物工場での職人たちの監督（鋳物工場の職人の親方）は言った」となる。

（506）***This broken lead heart*** は文法上の主語である。（この文法上の主語は無生物であるが、その無生物が意志を有するように用い）(68) で触れているように *will* はこの文法上の主語の（強い）意志として述べ、*will not* でこの文法上の主語の（強い）意志の内容を否定的に述べている。*This broken lead heart will not melt* は「この割れた鉛の心臓には溶けないという強い意志がある（この割れた鉛の心臓はどうしても溶けようとしない、この割れた鉛の心臓は溶けやしない）」、*in the furnace* は「溶

第2章 『THE HAPPY PRINCE』の原文を書き手の話し手の心で読む

鉱炉の中で（溶鉱炉で）」という意味になる。

（507）**We** は文法上の主語であり、（105）で触れているように **must** はこの文法上の主語の義務として述べている。〈throw away〉で「捨てる、廃棄する」なので、**We must throw it away** は「俺らはそれを捨てなければならない（俺らはこれを捨ててしまわなければならん）」という意味になる。

（508）**So** は「そこで」。**they threw it** は「彼らはそれを投げた（職人たちは鉛の心臓を投げ捨てた）」、**on a dust-heap** は「ごみの山の上に（ごみの山に）」。

（509）**where** は関係副詞で、接続詞の要素と **a dust-heap** を場所として指して副詞の要素を含んでいる。**the dead Swallow** は文法上の主語であり、**was** はこの文法上の主語について過去の事実として述べ、**was (also) lying** でこの文法上の主語について過去に進行・継続していた事実として述べている。したがって、**where the dead Swallow was also lying** は **a dust-heap** という場所を修飾して、「そのごみの山に死んだ燕も横たわっていたが（そのごみの山に燕の死骸も横たわっていたが）」という意味になる。

（505）〜（509）の訳
「なんて不思議なことだ！　この割れた鉛の心臓は溶鉱炉じゃ溶けやしない。捨ててしまわなければならん」と鋳物工場の職人の親方は言いました。そこで職人たちは燕の死骸も横たわっていますごみの山に鉛の心臓を投げ捨てました。

"Bring me the two most precious things in the city," said
(510)　　　　　[préʃəs]　　　　　　　　　　　(511)
God to one of His Angels; and the Angel brought Him the
　　　　　　　　　　　　　　　　　(512)
leaden heart and the dead bird.

(510) (295)・(296) で触れているように、この場合も文法上の主語は **you** であるので消去され、**Bring** は文法上の主語について命令・要請・懇願として述べている。*Bring me the two most precious things in the city* は「私に市の中で二つの最も尊いものを持ってきてくれ、と（私にあの町で一番尊いものを二つ持ってきてくれないか、と、私にあの町で一番尊いものを二つ持ってきてくれまいか、と）」という意味になる。

(511) *God* が文法上の主語であるので、*said God to one of His Angels* は「神は彼の天使たちの一人に言った（神は天使の一人に言いつけた、神は天使の一人に仰せつけた）」となる。

(512) *and* は「すると」、*the Angel brought Him the leaden heart and the dead bird* は「天使は彼に鉛製の心臓と死んだ鳥を持ってきた（その天使は神に鉛の心臓と鳥の死骸を持ってまいった）」。

(510)〜(512) の訳
「あの町で一番尊いものを二つ持ってきてくれまいか」と神様は天使の一人に仰せつけました。するとその天使は鉛の心臓と鳥の死骸を持ってまいりました。

"You have rightly chosen," said God, "for in my garden of
(513)   (514)
Paradise this little bird shall sing for evermore, and in my
[pǽrədàis]   (515)
city of gold the Happy Prince shall praise me."
               (516)   [préɪz]

(513) **You** は文法上の主語であり、**have** はこの文法上の主語について現在の事実として述べ、***have (rightly) chosen*** でこの文法上の主語について現在（今）までの事実として述べている。*You have rightly chosen* は「お前は正しく選んできている、と（お前は正しく選んできた、と、お前は正しく選んでまいった、と）」という意味になる。

第 2 章　『THE HAPPY PRINCE』の原文を書き手の話し手の心で読む

(514) *said God* は「神が言った（神が仰せられた）」。

(515)・(516) *for* は *in my garden of Paradise* 以下と *in my city of gold* 以下を導いて「という訳は……だから（それというのも……だからじゃ）」という意味である。*in my garden of Paradise* は「天国の私の庭園の中で（私の天国の園で）」。**this little bird** は文法上の主語であり、(40) で触れているように **shall** はこの文法上の主語について話し手の意志（神の意志）として述べている。*this little bird shall sing for evermore* は「この小さい鳥が永遠に囀るようにしよう（この小鳥には永遠に囀らせよう）」となる。*and* は「そして」。*in my city of gold* は「黄金の私の都市の中で（私の黄金の都で）」、同様に the Happy Prince shall praise me も「幸福な王子が私を賛美するようにしよう、と（幸福な王子には私をほめたたえさせよう、と）」となる。

(513)〜(516) の訳
「お前は正しく選んでまいった。それというのも、私の天国の園にてこの小鳥には永遠に囀らせ、そして私の黄金の都にて幸福な王子には私をほめたたえさせようと思っておるからじゃ」
と神様は仰せられたのでございます。

第 **3** 章

『THE HAPPY PRINCE』の
原文と日本語訳を
ごゆっくりお読みください

第3章　『THE HAPPY PRINCE』の原文と日本語訳をごゆっくりお読みください

THE HAPPY PRINCE

HIGH above the city, on a tall column, stood the statue of the Happy Prince. He was gilded all over with thin leaves of fine gold, for eyes he had two bright sapphires, and a large red ruby glowed on his sword-hilt.

He was very much admired indeed. "He is as beautiful as a weathercock," remarked one of the Town Councillors who wished to gain a reputation for having artistic tastes; "only not quite so useful," he added, fearing lest people should think him unpractical, which he really was not.

"Why can't you be like the Happy Prince?" asked a sensible mother of her little boy who was crying for the moon. "The Happy Prince never dreams of crying for anything."

"I am glad there is some one in the world who is quite happy," muttered a disappointed man as he gazed at the wonderful statue.

"He looks just like an angel," said the Charity Children as they came out of the cathedral in their bright scarlet cloaks and their clean white pinafores.

"How do you know?" said the Mathematical Master, "you have never seen one."

"Ah! but we have, in our dreams," answered the children; and the Mathematical Master frowned and looked very severe, for he did not approve of children dreaming.

One night there flew over the city a little Swallow. His friends had gone away to Egypt six weeks before, but he had stayed behind, for he was in love with the most beautiful Reed. He had met her early in the spring as he was flying down the river after a big yellow moth, and had been so attracted by her slender waist that he had stopped to talk to her.

"Shall I love you?" said the Swallow, who liked to come to the point at once, and the Reed made him a low bow. So he flew round and round her, touching the water with his wings, and making silver ripples. This was his courtship, and it lasted all through the summer.

"It is a ridiculous attachment," twittered the other Swallows; "she has no money, and far too many relations;" and indeed the river was quite full of Reeds. Then, when the autumn came they all flew away.

After they had gone he felt lonely, and began to tire of his lady-love. "She has no conversation," he said, "and I am afraid that she is a coquette, for she is always flirting with the wind." And certainly, whenever the wind blew, the Reed made the most graceful curtseys. "I admit that she is domestic," he continued, "but I love travelling, and my wife, consequently, should love travelling also."

"Will you come away with me?" he said finally to her; but the Reed shook her head, she was so attached to her home.

"You have been trifling with me," he cried. "I am off to the Pyramids. Good-bye!" and he flew away.

All day long he flew, and at night-time he arrived at the city. "Where shall I put up?" he said; "I hope the town has made preparations."

Then he saw the statue on the tall column.

"I will put up there," he cried; "it is a fine position, with plenty of fresh air." So he alighted just between the feet of the Happy Prince.

"I have a golden bedroom," he said softly to himself as he looked round, and he prepared to go to sleep; but just as he was putting his head under his wing a large drop of water fell on him. "What a curious thing!" he cried; "there is not a single cloud in the sky, the stars are quite clear and bright, and yet it is raining. The climate in the north of Europe is really dreadful. The Reed used to like the rain, but that was merely her selfishness."

Then another drop fell.

"What is the use of a statue if it cannot keep the rain off?" he said; "I must look for a good chimney-pot," and he determined to fly away.

But before he had opened his wings, a third drop fell, and he looked up, and saw—Ah! what did he see?

第3章　『THE HAPPY PRINCE』の原文と日本語訳をごゆっくりお読みください

　The eyes of the Happy Prince were filled with tears, and tears were running down his golden cheeks. His face was so beautiful in the moonlight that the little Swallow was filled with pity.

　"Who are you?" he said.

　"I am the Happy Prince."

　"Why are you weeping then?" asked the Swallow; "you have quite drenched me."

　"When I was alive and had a human heart," answered the statue, "I did not know what tears were, for I lived in the Palace of Sans-Souci, where sorrow is not allowed to enter. In the daytime I played with my companions in the garden, and in the evening I led the dance in the Great Hall. Round the garden ran a very lofty wall, but I never cared to ask what lay beyond it, everything about me was so beautiful. My courtiers called me the Happy Prince, and happy indeed I was, if pleasure be happiness. So I lived, and so I died. And now that I am dead they have set me up here so high that I can see all the ugliness and all the misery of my city, and though my heart is made of lead yet I cannot choose but weep."

　"What! is he not solid gold?" said the Swallow to himself. He was too polite to make any personal remarks out loud.

　"Far away," continued the statue in a low musical voice, "far away in a little street there is a poor house. One of the windows is open, and through it I can see a woman seated at a table. Her face is thin and worn, and she has coarse, red hands, all pricked by the needle, for she is a seamstress. She is embroidering passion-flowers on a satin gown for the loveliest of the Queen's maids-of-honour to wear at the next Court-ball. In a bed in the corner of the room her little boy is lying ill. He has a fever, and is asking for oranges. His mother has nothing to give him but river water, so he is crying. Swallow, Swallow, little Swallow, will you not bring her the ruby out of my sword-hilt? My feet are fastened to this pedestal and I cannot move."

　"I am waited for in Egypt," said the Swallow. "My friends are flying up and down the Nile, and talking to the large lotus-flowers. Soon they will go to sleep in the tomb of the great King. The King is there himself in his painted coffin. He is wrapped in yellow linen, and embalmed with spices. Round his neck is a chain of pale green jade, and his hands are like withered leaves."

"Swallow, Swallow, little Swallow," said the Prince, "will you not stay with me for one night, and be my messenger? The boy is so thirsty, and the mother so sad."

"I don't think I like boys," answered the Swallow. "Last summer, when I was staying on the river, there were two rude boys, the miller's sons, who were always throwing stones at me. They never hit me, of course; we swallows fly far too well for that, and besides, I come of a family famous for its agility; but still, it was a mark of disrespect."

But the Happy Prince looked so sad that the little Swallow was sorry. "It is very cold here," he said; "but I will stay with you for one night, and be your messenger."

"Thank you, little Swallow," said the Prince.

So the Swallow picked out the great ruby from the Prince's sword, and flew away with it in his beak over the roofs of the town.

He passed by the cathedral tower, where the white marble angels were sculptured. He passed by the palace and heard the sound of dancing. A beautiful girl came out on the balcony with her lover. "How wonderful the stars are," he said to her, "and how wonderful is the power of love!"

"I hope my dress will be ready in time for the State-ball," she answered; "I have ordered passion-flowers to be embroidered on it; but the seamstresses are so lazy."

He passed over the river, and saw the lanterns hanging to the masts of the ships. He passed over the Ghetto, and saw the old Jews bargaining with each other, and weighing out money in copper scales. At last he came to the poor house and looked in. The boy was tossing feverishly on his bed, and the mother had fallen asleep, she was so tired. In he hopped, and laid the great ruby on the table beside the woman's thimble. Then he flew gently round the bed, fanning the

第3章　『THE HAPPY PRINCE』の原文と日本語訳をごゆっくりお読みください

boy's forehead with his wings. "How cool I feel!" said the boy, "I must be getting better;" and he sank into a delicious slumber.

Then the Swallow flew back to the Happy Prince, and told him what he had done. "It is curious," he remarked, "but I feel quite warm now, although it is so cold."

"That is because you have done a good action," said the Prince. And the little Swallow began to think, and then he fell asleep. Thinking always made him sleepy.

When day broke he flew down to the river and had a bath. "What a remarkable phenomenon," said the Professor of Ornithology as he was passing over the bridge. "A swallow in winter!" And he wrote a long letter about it to the local newspaper. Every one quoted it, it was full of so many words that they could not understand.

"To-night I go to Egypt," said the Swallow, and he was in high spirits at the prospect. He visited all the public monuments, and sat a long time on top of the church steeple. Wherever he went the Sparrows chirruped, and said to each other, "What a distinguished stranger!" so he enjoyed himself very much.

When the moon rose he flew back to the Happy Prince. "Have you any commissions for Egypt?" he cried; "I am just starting."

"Swallow, Swallow, little Swallow," said the Prince, "will you not stay with me one night longer?"

"I am waited for in Egypt," answered the Swallow. "To-morrow my friends will fly up to the Second Cataract. The river-horse couches there among the bulrushes, and on a great granite throne sits the God Memnon. All night long he watches the stars, and when the morning star shines he utters one cry of joy, and then he is silent. At noon the yellow lions come down to the water's edge to drink. They have eyes like green beryls, and their roar is louder than the roar of the cataract."

"Swallow, Swallow, little Swallow," said the Prince, "far away across the city I see a young man in a garret. He is leaning over a desk covered with papers, and in a tumbler by his side there is a bunch of withered violets. His hair is brown and crisp, and his lips are red as a pomegranate, and he has large and dreamy eyes. He is trying to finish a play for the Director of the Theatre, but he is too cold to write any more. There is no fire in the grate, and hunger has made him faint."

"I will wait with you one night longer," said the Swallow, who really had a good heart. "Shall I take him another ruby?"

"Alas! I have no ruby now," said the Prince; "my eyes are all that I have left. They are made of rare sapphires, which were brought out of India a thousand years ago. Pluck out one of them and take it to him. He will sell it to the jeweller, and buy food and firewood, and finish his play."

"Dear Prince," said the Swallow, "I cannot do that" ; and he began to weep.

"Swallow, Swallow, little Swallow," said the Prince, "do as I command you."

So the Swallow plucked out the Prince's eye, and flew away to the student's garret. It was easy enough to get in, as there was a hole in the roof. Through this he darted, and came into the room. The young man had his head buried in his hands, so he did not hear the flutter of the bird's wings, and when he looked up he found the beautiful sapphire lying on the withered violets.

"I am beginning to be appreciated," he cried; "this is from some great admirer. Now I can finish my play," and he looked quite happy.

The next day the Swallow flew down to the harbour. He sat on the mast of a large vessel and watched the sailors hauling big chests out of the hold with ropes. "Heave a-hoy!" they shouted as each chest came up. "I am going to Egypt!" cried the Swallow, but nobody minded, and when the moon rose he flew back to the Happy Prince.

"I am come to bid you good-bye," he cried.

"Swallow, Swallow, little Swallow," said the Prince, "will you not stay with me one night longer?"

"It is winter," answered the Swallow, "and the chill snow will soon be here. In Egypt the sun is warm on the green palm-trees, and the crocodiles lie in the mud and look lazily about them. My companions are building a nest in the Tem-

第3章　『THE HAPPY PRINCE』の原文と日本語訳をごゆっくりお読みください

ple of Baalbec, and the pink and white doves are watching them, and cooing to each other. Dear Prince, I must leave you, but I will never forget you, and next spring I will bring you back two beautiful jewels in place of those you have given away. The ruby shall be redder than a red rose, and the sapphire shall be as blue as the great sea."

"In the square below," said the Happy Prince, "there stands a little match-girl. She has let her matches fall in the gutter, and they are all spoiled. Her father will beat her if she does not bring home some money, and she is crying. She has no shoes or stockings, and her little head is bare. Pluck out my other eye and give it to her, and her father will not beat her."

"I will stay with you one night longer," said the Swallow, "but I cannot pluck out your eye. You would be quite blind then."

"Swallow, Swallow, little Swallow," said the Prince, "do as I command you."

So he plucked out the Prince's other eye, and darted down with it. He swooped past the match-girl, and slipped the jewel into the palm of her hand. "What a lovely bit of glass!" cried the little girl; and she ran home, laughing.

Then the Swallow came back to the Prince. "You are blind now," he said, "so I will stay with you always."

"No, little Swallow," said the poor Prince, "you must go away to Egypt."

"I will stay with you always," said the Swallow, and he slept at the Prince's feet.

All the next day he sat on the Prince's shoulder, and told him stories of what he had seen in strange lands. He told him of the red ibises, who stand in long rows on the banks of the Nile, and catch gold-fish in their beaks; of the Sphinx, who is as old as the world itself, and lives in the desert, and knows everything; of the merchants, who walk slowly by the side of their camels, and carry amber beads in their hands; of the King of the Mountains of the Moon, who is as black as ebony, and worships a large crystal; of the great green snake that sleeps in a palm-tree, and has twenty priests to feed it with honey-cakes; and of the pygmies who sail over a big lake on large flat leaves, and are always at war with the butterflies.

"Dear little Swallow," said the Prince, "you tell me of marvellous things, but more marvellous than anything is the suffering of men and of women. There is no Mystery so great as Misery. Fly over my city, little Swallow, and tell me what you see there."

So the Swallow flew over the great city, and saw the rich making merry in their beautiful houses, while the beggars were sitting at the gates. He flew into dark lanes, and saw the white faces of starving children looking out listlessly at the black streets. Under the archway of a bridge two little boys were lying in one another's arms to try and keep themselves warm. "How hungry we are!" they said. "You must not lie here," shouted the Watchman, and they wandered out into the rain.

Then he flew back and told the Prince what he had seen.

"I am covered with fine gold," said the Prince, "you must take it off, leaf by leaf, and give it to my poor; the living always think that gold can make them happy."

Leaf after leaf of the fine gold the Swallow picked off, till the Happy Prince looked quite dull and grey. Leaf after leaf of the fine gold he brought to the poor, and the children's faces grew rosier, and they laughed and played games in the street. "We have bread now!" they cried.

Then the snow came, and after the snow came the frost. The streets looked as if they were made of silver, they were so bright and glistening; long icicles like crystal daggers hung down from the eaves of the houses, everybody went about in furs, and the little boys wore scarlet caps and skated on the ice.

The poor little Swallow grew colder and colder, but he would not leave the Prince, he loved him too well. He picked up crumbs outside the baker's door when the baker was not looking, and tried to keep himself warm by flapping his wings.

But at last he knew that he was going to die. He had just strength to fly up to the Prince's shoulder once more. "Good-bye, dear Prince!" he murmured, "will you let me kiss your hand?"

"I am glad that you are going to Egypt at last, little Swallow," said the Prince, "you have stayed too long here; but you must kiss me on the lips, for I love you."

"It is not to Egypt that I am going," said the Swallow. "I am going to the House of Death. Death is the brother of Sleep, is he not?"

And he kissed the Happy Prince on the lips, and fell down dead at his feet.

At that moment a curious crack sounded inside the statue, as if something had broken. The fact is that the leaden heart had snapped right in two. It certainly was a dreadfully hard frost.

Early the next morning the Mayor was walking in the square below in company with the Town Councillors. As they passed the column he looked up at the statue: "Dear me! how shabby the Happy Prince looks!" he said.

"How shabby, indeed!" cried the Town Councillors, who always agreed with the Mayor; and they went up to look at it.

"The ruby has fallen out of his sword, his eyes are gone, and he is golden no longer," said the Mayor; "in fact, he is little better than a beggar!"

"Little better than a beggar," said the Town Councillors.

"And here is actually a dead bird at his feet!" continued the Mayor. "We must really issue a proclamation that birds are not to be allowed to die here." And the Town Clerk made a note of the suggestion.

So they pulled down the statue of the Happy Prince. "As he is no longer beautiful he is no longer useful," said the Art Professor at the University.

Then they melted the statue in a furnace, and the Mayor held a meeting of the Corporation to decide what was to be done with the metal. "We must have another statue, of course," he said, "and it shall be a statue of myself."

"Of myself," said each of the Town Councillors, and they quarrelled. When I last heard of them they were quarrelling still.

"What a strange thing!" said the overseer of the workmen at the foundry. "This broken lead heart will not melt in the furnace. We must throw it away." So they threw it on a dust-heap where the dead Swallow was also lying.

"Bring me the two most precious things in the city," said God to one of His Angels; and the Angel brought Him the leaden heart and the dead bird.

"You have rightly chosen," said God, "for in my garden of Paradise this little bird shall sing for evermore, and in my city of gold the Happy Prince shall praise me."

第3章 『THE HAPPY PRINCE』の原文と日本語訳をごゆっくりお読みください

「幸福な王子」

　町の空高く、高い円柱の上に、幸福な王子様の像が立っておりました。王子様は全身薄い純金の箔を着せられ、両目にはきらきらしたサファイアがはめられ、剣の柄では大きな赤いルビーが光っていました。
　王子様は実際ずいぶんほめたたえられておりました。芸術的な趣味を持っているという評判を得たがっていました市会議員の一人が「王子様は風見鶏のようにお美しい」と述べましたが、人々が自分を非実際家と思いはすまいかと気遣い、「もっとも、それほどには役に立ちませんがね」と付け加えていました。ところが実はこの市会議員は非実際家どころではなかったのです。
「なぜお前は幸福な王子様のようになれないのだろうね？ 幸福な王子様は泣きわめいて物を欲しがるなんてことは夢にもなさらないんだよ」と物のわかった母親はないものねだりをしていました小さな息子に言いました。
「ありがたいことに、この世の中にはまったく幸福な人もいるんだなあ」と、失望した男の人はこの素晴らしい像を熱心に見つめながら、つぶやきました。
「王子様は天使にそっくりだわ」と、緋色の外套と真っ白な前掛けを身につけた慈善学校の子供たちが大聖堂から出てきますと、言いました。
「どうしてお前たちにそんなことがわかるのかね？ 天使など見たこともないじゃないか」と数学の先生は言いました。
「ああ、でも夢の中であるわ」と子供たちも言いました。すると数学の先生は顔をしかめ、たいそうむずかしい顔をしました。というのは先生は子供たちが夢を見ることに賛成ではありませんでしたから。
　ある晩のこと、小さな燕が町の空に飛んできました。友達はその六週間前に行ってしまいましたが、この燕は一番美しい葦と恋をしていましたので、後に残っていたのでした。燕は春まだ浅いころ大きな黄色い蛾

を追いかけて川面を飛んでいましたときに、この葦に出会いまして、すんなりとした細腰にたいそう惹かれてしまい、話しかけようと立ち止まったのでした。
「あなたを好きになってもいいですか？」と燕は単刀直入派でありましたから、言いました。すると、葦はふかぶかとお辞儀をしました。そこで燕は翼で水に触れ、銀色のさざ波を立てながら、葦の周りをぐるぐると飛び回りました。これはこの燕の求愛であり、夏じゅうずっと続きました。
「燕が葦に惚れるなんて馬鹿げている。葦はお金もない、それなのに親類縁者がうんとうんといるんだ」と、仲間の燕たちは噂るように言いました。実際、川はまったく葦たちでいっぱいでした。やがて秋が来ますと、仲間の燕たちはみんな飛び去ってしまいました。
　仲間が行ってしまいますと、燕は寂しくなり、そろそろ恋人に嫌気が差し、「葦はろくに口もきけなくて、それにいつでも風といちゃついているから、男たらしじゃないかな」と言いました。確かに風が吹きますたびにいつも葦はこの上なくしとやかなお辞儀をしていたのでした。「なるほど出嫌いな女だが、しかし私は旅が大好きだから、やはり私の妻も旅が大好きでなくちゃいけない」と燕は続けていいました。
「私と一緒に来てくれる？」と燕はとうとう葦に言いました。しかし葦は自分の家に愛着がありましたので、首を振りました。
「あなたは今まで私をからかっていたんだ。私はピラミッドの方へ出かけるよ。さようなら！」と燕は叫びますと、飛び去ってしまいました。
　一日じゅう燕は飛び続け、夜、町に着き、「どこに泊まろうかな？　町で用意してくれているといいんだが」と言いました。
　すると高い円柱の上の像が燕の目に留まりました。
「あそこに泊まろう。風がさわやかでいい場所だ」と燕は叫び、幸福な王子様の両足のちょうどその間に下り立ちました。
「黄金の寝室にありついた」と燕は辺りを見回しながら、そっと独り言を言い、それから眠りにつく仕度をしました。ところが翼の下に頭を入れようとしましたちょうどそのとき、大きな水滴が一つ体に落ちてきま

第3章 『THE HAPPY PRINCE』の原文と日本語訳をごゆっくりお読みください

した。「なんて不思議なことだろう！ 空にはたった一片の雲もなくて、星はよく冴えて輝いている。それなのに雨が降っている。ヨーロッパの北国の気候は本当に恐ろしい。葦は雨が好きだったものだが、でもそれはあの娘の身勝手だったんだ」と燕は叫びました。

すると、また一滴落ちてきました。

「雨を防ぐことができない像なんて何の役に立つというんだ。うまい煙突の傘を探さなくちゃならない」と燕は言い、飛び去る決心をしました。

ところが燕が翼を広げませんうちに、三滴目が落ちてきました。そこで燕が顔を上げますと、目に入りました。——ああ！ 何が目に入ったのでしょうか。

幸福な王子様の両目は涙でいっぱいになり、涙は金色の頬を流れ落ちていました。王子様の顔は月の光に映えてたいそう美しくありましたので、小さな燕は哀れみの気持ちで胸がいっぱいになりました。

「あなたはどなたですか？」と燕は言いました。

「私は幸福な王子だよ」

「それなら、なぜ涙を流して泣いていらっしゃるのですか？ おかげでびしょ濡れになってしまいました」と燕は像に言いました。

「まだ生きていて、人間の心臓を持っていたときは涙がどういうものであるか私は知らなかったのだよ。それは無憂宮に住んでいたから。この宮殿には悲しみは入ってこられないことになっている。私は昼間は庭園で仲間と一緒に遊び、晩は大広間で舞踏の先頭に立って踊っていた。庭園の周りにはたいそう高い城壁が巡らしてあった。しかし私の周りの何もかもがそれは美しかったので、その向こうに何があるのかなど訊いてみたいと一度も思わなかった。廷臣たちからは幸福な王子様と呼ばれ、快楽が幸福であるというならば、私は本当に幸福だった。そんなふうにして一生を送り、生涯を閉じたんだ。死んでからは私をこんなに高く据え付けたので、この町のありとあらゆる醜いものや一切の惨めなものが見える。それで私の心臓は鉛で作られているけれども、それでも私は涙を流して泣かずにはおれない」と像も言いました。

「何だって！　王子様は金無垢じゃないのか？」と燕は独り言を言いましたが、礼儀をよくわきまえていましたので、人のことをあれこれとおおっぴらに言うことはなかったのです。

「ずっと向こうに、ずっと向こうの小さな通りにみすぼらしい家があり、窓が一つ開いていて、その窓越しに女性が仕事台に向かって座っているのが見えるのだよ。顔はやせてやつれ、両手は赤く荒れて、針の刺し傷が一面についている。女性はお針子なのだ。今度の宮中舞踏会で王妃様の女官の中で一番きれいな人が着る繻子の夜会服に時計草の模様を縫い取りしている。部屋の片隅の寝台でくるまるように小さな男の子が今病気で寝ているが、熱があり、オレンジを欲しがっている。母親にはあげるものが川の水しかない。それで男の子は泣き叫んでいる。燕よ、燕よ、かわいい燕よ、私の剣の柄からルビーを取って母親に持っていってくれないかね？　私の両足はこの台座にしっかりと据えられていて、動けない」と、像は低い音楽のような声で言いました。

「エジプトで私を待ってくれているのです。友達はナイル河をあちこち飛び回ったり、大きな蓮の花と話をしたりしていて、まもなく偉大な王様のお墓で眠りにつくことでしょう。王様ご自身もそこで美しく彩った柩の中におられ、黄色い麻布に包まれて香料で保たれているのです。お首の周りには薄緑色の硬玉の鎖がかけられて、お手は枯葉のようであられるのです」と燕は言いました。

「燕よ、燕よ、かわいい燕よ、一晩私のところにいて、お使いをしてくれないかね？　男の子はたいそうのどが渇いていて、それで母親もあんなに悲しんでいる」と王子様は言いました。

「私はどうも男の子が好きではないのです。この夏、川のほとりにいたとき、二人の悪童、粉挽きの息子がいて、しょっちゅう私に石を投げてきたんです。もちろん、当たったことなどありませんでしたがね。私たち燕はとてもとてもうまく飛びますから。それに私は俊敏なことで名高い家柄の出なんですよ。でもそれにしても、そんなことは失礼じゃありませんか」と燕も言いました。

　しかし幸福な王子様がたいそう悲しそうな顔をしていましたものです

第3章　『THE HAPPY PRINCE』の原文と日本語訳をごゆっくりお読みください

から、小さな燕は気の毒に思いました。「ここはたいへん寒いです。でも一晩あなたのところにいて、お使いをしましょう」と燕は言いました。
「かわいい燕よ、ありがとう」と王子様は言いました。
　そこで燕は王子様の剣から大きなルビーを抜き出し、嘴にくわえて町の家々の屋根の上を飛んでいきました。
　燕が聖堂の塔のそばを通りますと、白い大理石の天使の彫刻がありました。今度は宮殿のそばを通りますと、舞踏の音が聞こえてきました。美しい娘が恋人と一緒に露台に出てきますと、「なんて素晴らしい星なんだろう！　恋の力ってなんて素晴らしいんだ！」と恋人は娘に言いました。
「私の衣装が宮中舞踏会に間に合うといいんですけれど。時計草の模様を縫い取るようにと言っておきましたの。でもお針子たちがとても怠け者なんですのよ」と娘も言いました。
　燕が川の上を飛んでいきますと、カンテラが船の帆柱にぶら下がっているのが目に入り、ユダヤ人町の上を飛んでいきますと、年取ったユダヤ人たちが互いに駆け引きしては銅の秤皿で貨幣を量り分けているのが目に入りました。とうとうみすぼらしい家にたどり着き、中を覗き込みました。男の子は熱に浮かされて寝台で寝返りを打っていまして、母親は疲れて寝てしまっていました。燕はぴょんと跳び、大きなルビーを仕事台の上の母親の指貫の横に置きますと、そっと寝台の周りを飛び回り、男の子の額を翼で扇いであげました。「ああ、涼しい！　僕はきっとよくなってきているんだ」と男の子は言い、気持ちよさそうにぐっすり寝入りました。
　そこで燕は幸福な王子様のもとへ飛んでかえり、自分がしてきたことを話しました。「季節はたいそう寒いのに、でも体がぽかぽかしているなんて奇妙です」と心境を語りました。
「それはあなたがよいことをしたからだよ」と王子様は言いました。そこで小さな燕は考え始めましたが、やがて寝てしまいました。考えごとをするといつも眠くなるのでした。

夜が明けますと、燕は川へ飛んでいき、水浴びをしました。「実に珍しい現象だ！　冬に燕とは！」と鳥類学の教授は橋を渡りながら言いました。そこで教授はこれに関して長い手紙を地元の新聞に寄せました。誰もがその記事を引き合いに出しましたが、それには人々にはなんのことかわからないような言葉がいっぱいあったのでした。

「今夜、エジプトへ行くんだ」と燕は言い、前途を考えて大元気でした。そして公の記念碑をすっかり見物し、長いこと教会の尖塔のてっぺんに止まっていました。どこへ行きましても、雀たちがちゅっちゅっと囀り、「なんて立派なお客様なんだ！」と互いに言いましたので、燕はたいそういい気持ちになりました。

　月が出ますと、燕は幸福な王子様のもとへ飛んでかえり、「あなたはエジプトに何かご用はありませんか？　私は今出かけます」と叫びました。

「燕よ、燕よ、かわいい燕よ、もう一晩私のところにいてくれないかね？」と王子様は言いました。

「エジプトで私を待ってくれているのです。明日、友達は第二瀑布のところまで飛んでいくことでしょう。そこでは河馬が葦の間で休んでいます。大きな花崗岩の王座にはメムノン神様がお座りになって、一晩じゅう星を見守っておられるのです。明けの明星が輝くと、この神様は歓喜の叫びを一声あげて、黙ってしまわれます。昼には黄色い獅子たちが水を飲みに水際まで下りてきます。獅子たちは緑色の緑柱石のような目をしていて、その咆哮は瀑布の轟音よりも大きいのです」と燕も言いました。

「燕よ、燕よ、かわいい燕よ、私には町のずっと向こうの屋根裏部屋に若者が見えるのだよ。若者は書類で埋まった机に覆いかぶさっていて、傍らの大コップには凋んだ菫の束が挿してある。髪は茶色で縮れて、唇は石榴のように赤く、大きな夢見るような目をしている。若者は劇場の監督のために戯曲を書き上げようとしているが、体が冷え切っていて、もうそれ以上書けない。火床には火の気もなく、ひもじさで気が遠くなっている」と王子様は言いました。

第3章　『THE HAPPY PRINCE』の原文と日本語訳をごゆっくりお読みください

「もう一晩あなたのご用をしましょう。もう一つルビーを若者のところへ持っていきましょうか？」と燕は言いました。それはそれは優しい心の持ち主でありましたから。
「悲しいかな！　私にはもうルビーはないのだよ。この両目が私に残っているすべてなのだ。これは珍しいサファイアでできていて、千年も昔にインドから持ってきたものなんだ。この一つをつっつき出して、若者のところへ持っていっておくれ。若者は宝石商にこれを売って、食物と薪を買い、戯曲を書き上げるだろう」と王子様は言いました。
「王子様、そればかりはできません」と燕は言い、涙を流して泣き出しました。
「燕よ、燕よ、かわいい燕よ、私の言いつけどおりにしておくれ」と王子様は言いました。
　そこで燕は王子様の片方の目をつつき出し、学生の屋根裏部屋へ飛んでいきました。屋根には穴があいていましたので、入るには何の造作もありませんでした。その穴から矢のようになり飛んでいき、部屋に入りました。若者は両手で頭を抱えていましたから、鳥の羽ばたきが耳に入りませんでしたが、ふと顔を上げますと、美しいサファイアが凋んだ菫の上に載っているのに気付きました。
「いよいよ僕も世間に認められてきたのだ。これは誰か僕を大いに崇拝してくれる人からの贈物なんだ。さあ、戯曲を書き上げることができるぞ」と若者は大声で言い、まったく幸せそうな顔をしました。
　翌日、燕は港へ飛んでいき、大きな船の帆柱に止まり、水夫たちが大きな箱を船艙から綱で引き上げているのを眺めていました。「よいとまけ、ホーイ！」と箱が一つずつ上ってきますたびに水夫たちは大声で叫びました。「私はエジプトへ行くんだ！」と燕も叫びましたが、しかし誰も気に留めませんでした。そこで月が出ますと、幸福な王子様のもとへ飛んでかえりました。
「お別れのあいさつに来ました」と燕は叫びました。
「燕よ、燕よ、かわいい燕よ、もう一晩だけ私のところにいてくれないかね？」と王子様は言いました。

「もう冬ですよ、冷たい雪がまもなく降ってきます。エジプトでは太陽が緑の椰子の木の上に暖かく照っていて、鰐は泥の中に腹這いになって、ものうげに身辺を見回しています。私の仲間はバールベックの神殿に巣を作っていて、桃色と白のぶちの鳩は仲間を見守って、くうくう鳴きかわしています。王子様、私はあなたのもとを離れなければなりません。でも決してあなたのことは忘れません。今度の春、あなたがあげてしまったものの代わりに美しい宝石を二つ持ってくることにしましょう。ルビーは赤い薔薇よりも赤いのに、サファイアは大海原のように青いのにしましょう」と燕も言いました。

「下の広場に小さなマッチ売りの女の子が立っているのだよ。女の子はマッチを溝に落としてしまい、マッチはみんな駄目になってしまった。少しでもお金を持ってかえらないと、父親にぶたれるのだろう。それで泣いている。女の子は靴も靴下もはいていないで、小さな頭には何も被っていない。私のもう片方の目をつっつき出して、あの子にやっておくれ。そうすれば父親にぶたれずにすむだろう」と幸福な王子様は言いました。

「もう一晩だけ、あなたのところにいましょう。でも、もう片方の目をつっつき出すなんてことは私にはできません。そんなことをしようものなら、あなたはまったく目が見えなくおなりですよ」と燕は言いました。

「燕よ、燕よ、かわいい燕よ、私の言いつけどおりにしておくれ」と王子様は言いました。

そこで燕は王子様のもう片方の目をつっつき出し、それをくわえて矢のように飛んでいき、マッチ売りの女の子の前に舞い下り、手の平に宝石をそっと入れました。「なんてきれいなガラス玉だこと！」と小さな女の子は大声で言い、笑いながら家へ駆けていきました。

そこで燕は王子様のもとに帰り、「あなたはもう目が見えなくおなりなので、私はこれからずっとあなたのおそばにいましょう」と言いました。

「かわいい燕よ、それはだめだよ。あなたはエジプトへ行かなくてはい

第3章 『THE HAPPY PRINCE』の原文と日本語訳をごゆっくりお読みください

けない」と哀れな王子様は言いました。
「ずっとあなたのおそばにいます」と燕は言い、王子様の足もとで眠りました。
　翌日はずっと燕は王子様の肩に止まり、自分がさまざまな国で見てきたことの話をしました。赤い朱鷺のことも話しました。この鳥は長い列をなしてナイル河の両岸に立ち嘴で金魚を捕まえます。スフィンクスのことも —— この像はこの世の初めからおり、砂漠に住み、あらゆることを知っています。隊商のことも —— この一団は駱駝のそばをゆっくり歩き、琥珀の数珠を手にしています。月の山々の王様のことも —— この王様は黒檀のように黒く、大きな水晶を崇めています。また椰子の木で眠るこれを蜂蜜菓子で養うために僧侶が二十人もついています大きな緑色の蛇のことも、大きな平たい葉に乗って大きな湖を渡り、いつも蝶を相手に戦っています小人たちのことも話しました。
「かわいい燕さんよ、あなたは不思議なことを話してくれるが、しかし人間男女の苦しみは何にもまして不思議なのだよ。悲惨ほど大きな神秘はない。かわいい燕よ、この町の上を飛んで、目に入ることを話しておくれ」と王子様は言いました。
　そこで燕は大きな町の上を飛び、金持ちたちが立派なお屋敷で浮かれ騒いでいるのを見ましたが、一方物乞いたちは門のところに座っていました。燕は暗い小路に飛び込み、飢えて蒼白い顔の子供たちがぼんやりと外の真っ暗な通りを眺めているのを見ました。弓形の橋桁の下では小さな男の子が二人互いに抱き合い横になり体を温め合おうとしていました。「お腹が空いたよう！」と二人の男の子は言いました。「お前たちはここで寝ていてはいかん」と夜番が怒鳴りましたので、仕方なく二人は雨の中にさまよい出ていきました。
　そこで燕は飛んでかえり、王子様に見てきたことを話しました。
「私の体は純金で覆われているのだよ。これを一枚ずつ剥がして、ぜひともこの貧しい人々にやっておくれ。生きている人々は金があれば幸せになれるといつも思っているんだ」と王子様は言いました。
　燕が純金の箔を一枚一枚とつついて剥がしますと、ついに幸福な王子

様はすっかり色あせて灰色の姿になってしまいました。純金の箔を一枚一枚と貧しい人々に持ってきますと、子供たちは顔がしだいに薔薇色になり、声を立てて笑い、通りで遊戯をし、「僕たちはもうパンが食べられる」と大声で言いました。

　やがて雪が降り、雪が降った後には霜が降りました。通りは明るくきらきら輝いていましたので、まるで銀でできていますかのように見えました。家々の軒からは水晶の短剣のような長い氷柱が垂れ下がり、誰も彼も毛皮をまとい出歩き、小さな男の子たちは真っ赤な帽子を被り、氷滑りをしました。

　かわいそうに小さな燕はだんだんと寒さを覚えてきましたけれども、王子様をこの上なく愛していましたので、どうしても王子様のもとを離れようとしませんでした。燕はパン屋が見ていませんすきにパン屋の戸口の外でパン屑をついばみ、羽ばたいて体を温めようとしました。

　しかしついに、燕は死が近づいていることを悟りました。燕にはただやっともう一度王子様の肩へ飛び上がっていくだけの体力しかありませんでした。「王子様、さようなら！　お手に接吻させてくださいませんか？」と燕はぼそぼそ言いました。

　「かわいい燕よ、とうとうエジプトへ行くようで、私はうれしく思うのだよ。あなたはあまりにも長くここにいすぎた。でも私はあなたを愛しているのだから、ぜひ私の唇に接吻しておくれ」と王子様も言いました。

　「私が行くのはエジプトではないのです。私は死の家へ行くのです。死は眠りの兄弟ですよね、そうではありませんか？」と燕は言いました。

　こう言いまして、燕は幸福な王子様の唇に接吻してしまいますと、王子様の足もとに落ちて死んでしまいました。

　その瞬間に、まるで何かが壊れましたかのように、奇妙なひび割れの音が像の内部でしました。実をいいますと、鉛の心臓がぱちんと音を立てて真っ二つに割れてしまったのでした。確かに恐ろしいほど厳しい寒さだったのです。

　翌朝早く、市長は市会議員たちと連れ立ち像の下の広場を歩いていま

第3章　『THE HAPPY PRINCE』の原文と日本語訳をごゆっくりお読みください

した。市会議員たちが円柱のところを通り過ぎますと、市長は像を見上げ、「これはまあ！　幸福な王子様はなんとみすぼらしい姿になられたことだ！」と言いました。

「まったくなんてみすぼらしい！」と市会議員たちも大声で言い、いつも市長に調子を合わせていました。そこで一同は像を眺めに戻り上っていきました。

「ルビーは王子の剣から落ちてしまって、目もなくなっている。それに、もう純金張りではない。実際、王子は物乞いも同然だ！」と市長は言いました。

「物乞いも同然だ」と市会議員たちも言いました。

「しかも現に、ここ王子の足もとに鳥が死んでいるぞ！　わしらは、鳥はここにて死ぬべからず、という布告を実際に出さなくてはなるまい」と市長は続けていいました。それで市役所の書記はこの提案を書き留めました。

　そこで幸福な王子様の像を引き下ろしました。「王子様はもはや美しくないので、もう役に立たない」と大学の美術の教授は言いました。

　そこで溶鉱炉で像を溶かしました。市長は地金をどう処分すべきかを決めるために市会を開き、「もちろん、わしらは別の像を立てなければならん。で、それはわしの像にしよう」と言いました。

「わしのだ」と市会議員たちもめいめい言い、口論になりました。この前、私が市会議員たちのことを耳にしましたときも、まだ口論していました。

「なんて不思議なことだ！　この割れた鉛の心臓は溶鉱炉じゃ溶りやしない。捨ててしまわなければならん」と鋳物工場の職人の親方は言いました。そこで職人たちは燕の死骸も横たわっていますごみの山に鉛の心臓を投げ捨てました。

「あの町で一番尊いものを二つ持ってきてくれまいか」と神様は天使の一人に仰せつけました。するとその天使は鉛の心臓と鳥の死骸を持ってまいりました。

「お前は正しく選んでまいった。それというのも、私の天国の園にてこ

の小鳥には永遠に囀らせ、そして私の黄金の都にて幸福な王子には私をほめたたえさせようと思っておるからじゃ」と神様は仰せられたのでございます。

参考文献一覧

『英文法を知ってますか』渡部昇一著、文藝春秋、平成15年
『新英語学辞典』大塚高信・中島文雄監修、研究社、1987年
『新英和中辞典』竹林滋・東信行・諏訪部仁・市川泰男編、研究社、
　　2003年
『英語青年10月号（42〜44頁）』本多啓著、研究社、平成18年
『英語の構造（上）』中島文雄著、岩波書店、1980年
『英語の構造（下）』中島文雄著、岩波書店、1980年
『英文法解説 ― 改訂三版 ―』江川泰一郎著、金子書房、2009年
『新自修英文典［増訂新版］』山崎貞著・毛利可信増訂、研究社出版、
　　昭和43年

田村　和子（たむら　かずこ）

1950年生まれ。主婦。若い頃独学で科学英語を学び、英語に関心を持つ。『THE HAPPY PRINCE』の動詞に着目して、多くは主語について登場人物の立場で説明し、これを読み解く。私はこの物語を300回ぐらい読みました。

THE HAPPY PRINCE の原文を書き手の話し手の心で読む

2018年12月25日　初版第1刷発行

著　者　田村和子
発行者　中田典昭
発行所　東京図書出版
発売元　株式会社 リフレ出版
　　　　〒113-0021　東京都文京区本駒込 3-10-4
　　　　電話 (03)3823-9171　FAX 0120-41-8080
印　刷　株式会社 ブレイン

© Kazuko Tamura
ISBN978-4-86641-168-2 C0082
Printed in Japan 2018
落丁・乱丁はお取替えいたします。

ご意見、ご感想をお寄せ下さい。

[宛先]　〒113-0021　東京都文京区本駒込 3-10-4
　　　　東京図書出版